오늘의 키토 집밥

키토제닉 다이어트 카페 지음

북텐이북

키토식은 변화하고 있습니다!

키토제닉 다이어트 카페가 오픈한 지 11년, 카페 도서 《오늘의 키토식》이 세상에 나온 지도 햇수로 벌써 4년이 지났습니다. '밥심'이 중요한 대한민국을 떠들썩하게 했던 <지방의 누명> 다큐멘터리 방영 이후로 저당질 다이어트가 트렌드가 되면서, 이제는 많은 분들이 과도한 탄수화물 섭취의 위험성을 인지하고 있습니다. 이런 흐름 속에서 키토제닉 식단 또한 우리의 정서와 상황에 맞게 변화해 왔습니다.

처음에는 일률적인 탄단지 비율을 칼같이 지켰지만 이제는 각자 대사량에 맞춰 변화를 주기도 하고, '고지'라는 단어에 함몰되지 않고 내 몸에 잘 받거나 좋아하는 식재료를 선택해 자신만의 키토식을 만들어나가기도 합니다. 그런 흐름 속에서 저탄수와 키토식을 한국 상황에 맞게 접목한 다양한 레시피들이 속속 등장했습니다. 피자, 떡볶이, 탕수육 등 금기시되던 요리들도 저탄수 버전이나 키토식 버전으로 즐길 수 있게 되면서, 이제 키토식이 일상 속의 라이프스타일로 좀 더 자리 잡았다고 생각합니다.

최근 코로나19로 인한 팬데믹과 세계 경제의 침체로 식재료 값이 오르면서 우리 밥상도 큰 변화를 겪었는데요. 자연의 원재료를 고집하는 키토제닉 다이어트의 특성상 식비가 만만치 않게 드는 상황을 맞아, 키토인들은 어떻게 키토식을 이어나가고 계실까요?

《오늘의 키토 집밥》은 이런 질문과 함께 시작한 프로젝트입니다. 3년이 넘는 사상 초유의 코로나19 팬데믹이라는 힘든 시간을 보내면서, 올바른 식재료와 건강한 식습관의 중요성을 실감했을 것입니다.

이 책은 짧게는 1년, 길게는 7년 동안 키토식을 해오며, 삶의 일부로 자연스럽게 키토식을 실천하고 있는 분들이 각자 소개하는 키토 집밥 레시피입니다. 나이, 거주지, 직업 모두 제각각이지만 이 책에 소개한 7분 모두 '저탄'과 '고지'의 시행착오를 겪었고, 100인 100키토라는 말처럼 각자의 몸과 컨디션에 맞춘 레시피를 고민했습니다. 그러한 고민의 결과로 탄생한, 맛있어서 즐겁고 만들기 편해서 지속가능한 저탄수 키토 식단을 엄선해 담았습니다.

이 책에 참여해주신 여러분께 다시 한 번 감사의 말씀을 드리며, 이제 이 책을 읽는 당신을 건강하고 충만한 키토 라이프로 초대합니다.

키토제닉 다이어트 카페 올림

키토식을 시작하려는 당신에게!

1. 키토식이 강박이 되어서는 안 된다. 키토식이 절대 진리는 아니다

모든 식단이 그러하듯, 키토식 또한 강박으로 전락하면 오히려 스트레스를 유발하여 역효과가 날 수 있습니다. 키토식은 과학적 근거가 있는 식단법입니다. 그러나 각자의 몸과 상황은 일률적이지 않기에, 자신의 식습관과 생활습관에 맞게 진행하는 것이 더 바람직합니다.

2. '무탄, 저탄, 고지방'에 얽매이지 말고 내 몸의 반응에 집중하라

개인의 체질과 상황에 따라 키토식의 효과와 반응은 달라질 수 있습니다. 칼로리나 탄단지 섭취비율에 얽매이기보다는, 키토식의 범주 내에서 내 몸의 반응을 관찰하고 적절히 비율을 조절해 나가는 것이 더욱 중요합니다.

3. 건강한 식재료를 어떻게 섭취할까를 먼저 고민하라

키토식의 최종목표는 건강한 식재료를 통해 내 몸의 균형을 되찾는 것입니다. 단순히 탄수화물 함량이 낮다고 해서 가공식품 위주로 식단을 구성하지 마세요. 당신의 식탁에는 항상 신선한 채소, 과일, 고기, 생선, 견과류 등이 올라와야 합니다.

4 무조건 '지방 많이'가 아니라 '올바른(건강한) 지방'을 선택하라

지방 섭취량을 늘리는 것도 좋지만, 유익한 지방을 선택하는 것이 더 중요합니다. 소시지와 같은 가공식품에 든 지방보다는 신선한 유기농 목초 고기, 아보카도, 생들기름 등 자연의 식재료로 지방을 섭취하세요.

5 어지러움, 생리불순, 탈모, 수면 문제가 생긴다면 건강한 탄수 섭취를 늘려라

키토식을 시작하며 탄수화물 섭취를 줄이면 몸이 '생존모드'에 돌입합니다. 그래서 일시적으로 어지럽거나 생리가 불규칙해지기도 하고, 머리가 갑자기 빠진다거나 수면 장애 등의 문제가 발생할 수 있습니다. 이런 부작용을 겪는다면 건강한 탄수화물의 섭취를 늘리는 것이 좋습니다.

6 이왕이면 내 손으로 직접 만든 식단을 유지하라

사회생활을 하면서 외식을 피할 수는 없습니다. 그러나 집에서 직접 요리하면 내 취향과 입맛대로 더 맛있는 키토식을 즐길 수 있습니다. 내 손으로 직접 만든 음식은 건강한 식습관을 회복하는 지름길입니다. 요리 실력은 하면 할수록 늡니다!

7 질병(특히 당뇨, 간 질환)이 있다면 의사와 상담하라

질병이 있으면 키토식을 시작하기 전에 의사와 상담하는 것이 중요합니다. 특히 당뇨나 간 질환이 있다면, 키토식을 시작하기 전에 반드시 전문의와 상담하여 안전한 방법으로 식단을 조절해 나가야 합니다.

키토식 추천&비추천 식재료 리스트

좋아요, GOOD!

단백질	소고기, 돼지고기, 닭고기, 오리고기, 양고기, 달걀, 생선, 해산물, (첨가물 적은)소시지
채소	브로콜리, 콜리플라워, 아스파라거스, 아보카도, 배추, 청경채
과일	블랙베리, 라즈베리, 크랜베리, 코코넛, 레몬, 라임, 딸기, 살구
견과류	마카다미아, 호두, 피칸, 아몬드, 헤이즐넛, 브라질너트
유제품	버터, 기, 치즈, 생크림, 휘핑크림, 사워크림, 그릭요거트(무설탕, 무첨가)
오일	라드, 코코넛오일, 올리브오일, 아보카도오일, MCT오일, 냉압착 (생)들기름

별로예요, NOT GOOD!

단백질	가공육
채소	고구마, 감자, 옥수수, 호박 (저탄수 식단이라면 개인의 식단 구성에 따라 섭취 가능)
과일	바나나, 파인애플, 사과, 오렌지, 포도, 망고, 말린 과일, 복숭아, 배
견과류	캐슈너트, 땅콩
유제품	가공버터, 우유(초반에는 제한 필요), 요거트(당 첨가)
오일	마가린, 카놀라유, 옥수수유, 포도씨유
당류, 가공탄수류	설탕, 시럽, 꿀, 과자, 과일주스

몸과 마음이 더 건강해지는 하루 습관

키토제닉 식단을 실천하다 보면, 어느 순간 단순한 다이어트 식단이 아니라 라이프스타일에 가깝다는 것을 깨닫게 됩니다. 이 책의 경험자들 역시, '키토식은 나를 바르게 해준 라이프스타일'이라고 공통적으로 이야기합니다.

키토식으로 식습관을 클린하게 바꿨다면, 생활 속에서 우리 몸을 좀 더 건강하고 행복하게 만들어줄 습관들까지 함께 챙겨보세요.

Havit 1   식단 감정일기 작성하기

매일 무엇을 먹었는지와 함께 그날의 감정 상태가 어땠는지 간단하게라도 기록해보세요. 어떤 날은 감정 상태에 따라 먹는 음식이 달라지기도 하고, 어떤 날은 먹은 음식과 몸 상태에 따라 감정이 영향을 받기도 합니다. 기록을 통해 내 몸과 마음이 어떤 연쇄 고리를 가지고 있는지 직접 느끼고 배울 수 있습니다.

Havit 2   디지털 디톡스와 도파민 단식 시도하기

우리가 설탕만큼이나 중독된 것이 스마트폰과 소셜미디어입니다. 스마트폰과 인터넷을 통해 끊임없이 접하는 부정적인 소식들은 우리 무의식과 감정에도 영향을 끼칩니다. 특히 '좋아요'와 '댓글 알림'은 주의를 끌고 도파민을 분비시키죠. 불필요한 알람은 끄고, 스마트폰 사용시간을 제한해보세요. 이런 디지털 디톡스 습관에 익숙해졌다면, 그다음에는 일정 기간 모든 자극과 쾌락을 멀리하는 '도파민 단식'도 시도해보세요.

Havit 3 명상과 마인드풀 이팅(마음챙김 식사) 실행하기

명상이라고 해서 너무 어렵게 생각하지 마세요. 눈을 감고 진득하게 앉아 있어야만 명상이 아닙니다. 순간의 '감각'에 집중하는 것만으로도 명상이 가능하답니다. 심지어 식사시간도 명상하는 시간이 될 수 있습니다. 이것을 마인드풀 이팅(마음챙김 식사)이라고 합니다. 식사하며 유튜브와 TV를 보는 대신 음식의 맛과 향에 집중하면, 뇌가 식사시간임을 인지해 우리 몸이 영양소를 더 제대로 소화하고 흡수하도록 도울 수 있습니다.

Havit 4 환경 독소와 환경 호르몬 노출 빈도 줄이기

우리는 매일같이 다양한 환경 독소와 환경 호르몬에 노출되고 있습니다. 환경 독소는 미세먼지, 일회용 컵과 플라스틱 용기뿐만 아니라 수돗물, 치약, 화장품 등 다양한 경로로 우리 몸에 들어옵니다. 이런 독소들은 우리 몸의 대사와 해독 작용, 호르몬 체계에 해롭습니다. 플라스틱 일회용품 사용을 자제하고, 독성 중금속에 노출되는 원인 중 하나인 흠집 난 코팅팬이나 양은 냄비와 같은 조리도구가 있다면 즉시 버리세요.

Havit 5 가벼운 운동 생활화하기

우리가 생활 속에서 쉽게 할 수 있는 최고의 운동은 바로 '햇빛 받으며 산책하기'입니다. 여건이 된다면 자연 속에서 맨발로 땅 위를 걷는 어싱(Earthing)도 함께 시도해보세요. 스트레칭, 요가, 필라테스 등 자세 교정에 도움이 되는 가벼운 운동도 추천합니다. 자세를 올바르게 갖춰야 우리 몸의 신경계가 정상적으로 기능할 수 있기 때문입니다.

키토제닉 식단과 저탄수(당질제한) 식단

키토식의 스펙트럼은 다양합니다. 키토식의 핵심은 지방을 많이 먹는 것보다 탄수화물 섭취를 얼마나 제한하는지에 달려 있어요. 하루 탄수 섭취량을 20g 미만으로 제한하는 가장 엄격한 식단부터 100g 미만으로 제한하는 식단을 LCHF라고 할 수 있습니다.

키토제닉 식단

순 탄수화물 하루 섭취량을 20g 미만으로 제한하는 키토제닉 식단은 키토시스

탄수 5~10% | 단백질 20~25% | 지방 60~75%

상태로 빠르게 진입하게 해주어 빠른 체중 감량을 도와줍니다. 탄수화물 중독 증세가 심각하거나 빠른 감량을 원한다면, 엄격한 키토제닉 식단이 더 유리할 수 있습니다.
다만, 몸의 연료를 급격하게 지방으로 전환하다 보면 두통이나 어지러움과 같은 '키토플루'라는 부작용을 겪을 수 있어요. 특히 오랜 다이어트나 절식 등으로 신체 기능이 저하되었다면 키토플루가 심하게 찾아올 수도 있습니다. 이런 경우, 탄수화물을 단계적으로 천천히 줄여나가세요.

저탄수(당질제한) 식단

당질 섭취를 줄이는 '건강한 라이프스타일'에 초점을 맞추고 싶다면, 순 탄수화물

탄수 15~30% | 단백질 15~30% | 지방 40~70%

섭취를 20g에서 100g까지 허용하는 좀 더 여유로운 식단을 권장합니다. 기존의 절식 다이어트 등으로 몸이 영양소 결핍상태를 겪고 있다면, 탄수화물을 과도하게 제한하기보다는 어느 정도 여유를 두고 몸의 회복을 최우선 목표로 잡으세요.

7인 7색 레시피 중 당신의 취향은?

한식을 기본으로 양식, 중식, 중동식까지 전 세계를 아우르는 다양한 국적의 레시피와 밥, 국물, 면은 물론 빵, 케이크, 홈카페 메뉴까지! 키토식을 하는 당신이 못 먹는 음식이 없도록 다 준비했어요.

맛 보장 7인 7색 레시피를 소개합니다!

1 뭐니 뭐니 해도 한식이 최고!
밥, 국물, 면과 오래오래 함께할래요.　　　　　　　　　최언니, 온앤오프

2 일반식하는 가족과 같이 먹어도 좋을 메뉴가 필요해요.
요리 시간은 짧을수록 좋아요.　　　　　최언니, 빵주현, 온앤오프, 러빙로그

3 디저트가 아니면 죽음을 달라!
케이크, 빵, 과자는 못 참아요.　　　　　　　　　슈링테이블, 키토 디자인랩

4 이국적인 키토 식단도 알고 싶어요.　　　키토 디자인랩, 키토오리, 러빙로그

5 도시락 싸기에 좋은 레시피를 알려주세요.　　　　　　　　　　　　빵주현

6 먹는 즐거움이 크다면 좀 수고로운 메뉴도 OK!　　　키토 디자인랩, 슈링테이블

7 면역력 올려주는 보양 식단이 궁금해요!　　　　　　　　키토오리, 러빙로그

차례

최언니라고해

**키토제닉 다이어트 카페의 최장금!
저탄수 한식&밥반찬은 물론 베이킹까지!**

매콤 편육 `LC` `HF` … 018	바나나 브라우니 `LC` `HF` … 034
TIP 돼지머리 고기 잡내 없애기	투움바 로스트 치킨 `LC` `HF` … 036
르뱅쿠키 `LC` `HF` … 020	대파 만두 `LC` `HF` … 038
TIP 견과류 전처리하면 쿠키의 풍미가 좋아져요	새우 팟타이 `LC` `HF` … 040
바질 토마토 짬뽕 `LC` `HF` … 022	고추참치 덮밥 `LC` … 042
왕갈비 치킨 `LC` `HF` … 024	TIP 전자레인지로 고추기름 만들 때는 여러 번 나눠서!
TIP 스모크향이 필요할 땐 리퀴드 스모크	구운 어묵볼 `LC` … 044
만화고기 떡갈비 `LC` `HF` … 026	쪽파 우삼겹 육전 `LC` `HF` … 046
코코넛밀크 옛날 팥빙수 `LC` … 028	TIP 전 예쁘게 잘 뒤집는 법
TIP 활용도 높은 무설탕 팥앙금	양념액젓 … 048
미소라멘 `LC` `HF` … 030	초간단 맛간장 … 049
들기름 골뱅이 파스타 `LC` … 032	장조림 `LC` `HF` … 050
TIP 천사채 당면화하는 법	무장아찌 `LC` … 052
TIP 생골뱅이 삶는 법	장조림 버터 비빔밥 `LC` `HF` … 053

빵주현

**만들기는 간단! 맛은 최고!
온 가족 함께 먹으며 살 빠지는 김밥 만드는 법**

슈링테이블

**공대언니가 수차례 실험 끝에 완성한
최적의 키토 베이킹&홈카페 레시피**

★ 김밥 잘 마는 요령	056
오이참치 김밥 LC	057
닭고야 김밥 LC	058
묵은지참치 김밥 LC	060
양배추베이컨 김밥 LC HF	062
단호박 김밥 LC	064
달걀지단 김밥 LC	066
TIP 달걀지단 잘 부치는 법	
게맛살 김밥 LC	068
매운 달걀볶이 LC	070
키토 식빵 LC	071
양배추 갈비만두 LC HF	072
묵은지 등뼈찜 LC HF	074
키토 컵카스텔라 LC	076
아이스박스 케이크 LC HF	078

★ 키토 베이킹을 잘하려면?	082
★ 베이킹 재료 설명	083
캐러멜 가나슈 타르트 LC HF	084
TIP 전자레인지로 버터를 녹일 때는 10초씩 끊어서	
앙버터 다쿠아즈 LC HF	088
슈크림 라떼 LC HF	090
TIP 키토 베이킹에서 휘핑크림 만들 때는 주의하세요	
시나몬 프로틴 도넛 LC HF	093
말차 롤케이크 LC HF	095
딸기 트라이플 LC HF	098
레몬 곤약젤리 LC	101
TIP 과일향 젤리를 만들 수도 있어요	
크리스마스트리 컵케이크 LC HF	103
커스터드푸딩 LC HF	105
TIP 시럽 농도 조절하는 법	
TIP 좀 더 예쁘고 맛있게 푸딩 먹는 법	
구워 먹는 마시멜로 LC	108
스모어 LC HF	110
코코넛 레몬바 LC HF	112

013

키토 디자인랩

**고급 중식당의 특별한 중식 메뉴를
집에서 클린 키토 버전으로!**

상하이 탕수갈비 `LC` `HF` 116
TIP 이왕이면 자연 발효식초를 사용하세요
키토 꿔바로우 `LC` `HF` 118
홍샤오로우(간장 양념 오겹살 조림) `LC` `HF` 120
췌이피샤오로우(바삭한 통삼겹 바비큐) `LC` `HF` 122
TIP 두께 있는 고기 요리에는 연육기가 편리해요
곤드레 나물 커우러우(곤드레 나물 구이) `LC` `HF` 124
카오위(매콤한 사천식 생선찜) `LC` 126
으아젠(대만식 굴전) `LC` 128
곤약 빵 `LC` 130
TIP 곤약 빵으로 샌드위치 빵을 만들 수도 있어요
키토 도넛 `LC` `HF` 132
샤오빙(중국식 호떡) `LC` 134
까이딴자이(홍콩식 에그 와플) `LC` `HF` 137
지우차이허즈(부추 달걀 대형 만두) `LC` 138
핼러윈 마녀 손가락 쿠키 `LC` `HF` 140
로우빙쩡딴(다진 돼지고기 달걀찜) `LC` `HF` 142
터키 아이스크림 `LC` `HF` 143

온앤오프

**'고지'보다 '저탄수'가 쉬웠어요!
저탄수에 초점 둔 키토식으로 28kg 감량!**

★ '고지방'이 어려운 당신에게! 146
천사채 다이어트 라면 `LC` 147
곤약 콜리밥 `LC` 148
돼지고기 콜리 짜글이 `LC` `HF` 150
무 버섯 카레밥 `LC` 152
TIP 토핑용 새우 만들기
TIP 토핑용 마늘 칩(플레이크) 만들기
TIP 무, 버리는 것 없이 다 사용하기
초간단 전복찜 `LC` 154
TIP 만능 저염 맛간장
통마늘 전복 버터구이 `LC` `HF` 156
전복 내장볶음밥 `LC` 158
육전&비빔냉면 `LC` `HF` 160
라구 소스 `LC` `HF` 162
TIP 라구 소스 활용법
다이어트 피클 `LC` 164
TIP 비싼 키토 단촛물, 재활용하세요
애플 브리 샌드위치 `LC` `HF` 166
땅콩버터 초콜릿칩 컵케이크 `LC` `HF` 168
TIP 빵 식감, 쿠키 식감 두 가지 버전으로 즐겨요
치즈 당근 우삼겹말이 `LC` `HF` 170
TIP 당근 라페 만드는 법
토마토 마리네이드 `LC` 172

키토오리

**난소 나이까지 어려졌어요!
세계 각지에서 얻은 LC&HF 요리 아이디어**

코코넛 치킨 수프 LC HF	176
콩 없는 타히니 콩국수 LC HF	177
TIP 3분 완성, 홈메이드 타히니 소스	
코코넛 돼지 스튜 LC HF	178
TIP 돼지 등갈비 핏물 빼는 법	
팟 끄라파오 무쌈(바질 돼지고기 볶음) LC HF	180
싱가포르 스타일 피시 수프 LC HF	182
TIP 튀김 요리에 좋은 코코넛오일	
치킨 티카마살라 LC HF	184
TIP 단계별로 향신료를 미리 계량해두세요	
분더브로트(오트밀 견과 빵) LC	186
무타벨 LC HF	188
TIP 아랍의 애피타이저, 무타벨 맛있게 즐기는 법	
얼큰 누들 수프 LC	190
TIP 라면수프 대신 베지터 고멧스톡	
브로콜리&콜리플라워 치즈 그라탱 LC HF	192

러빙로그

**바쁜 워킹맘이 꾸리는,
가족 면역력 쑥쑥 올려주는 건강한 키토 식단!**

효모 함박 스테이크 LC HF	196
TIP 유지방 함량으로 구분하는 생크림	
미니 키쉬 LC HF	199
치즈랩 타코 LC HF	200
TIP 치즈랩 타코를 더 맛있게 먹는 법	
강황 수프 HF	202
매운 새우 스킬렛&배추전 LC	204
에그바이트 LC	206
연어 파테 LC HF	208
애사비 크림소스 닭다리구이 LC HF	210

일러두기
▶ 책에서 소개한 재료 계량은 밥숟가락, 종이컵 기준입니다.
▶ 보관기한이 없는 레시피는 만든 즉시 먹기를 권합니다.
▶ 레시피에서 소개한 '내돈내산 추천제품'은 개인의 기호에 따른 것입니다.
▶ 이 책은 개인의 경험과 사례를 엮은 책으로, 키토제닉 식단 적용 시 개인의 특성에 따라 신체에 다양한 반응이 나타날 수 있습니다. 질병이 있는 경우 의사와 상담 후 신중하게 시작하기 바랍니다.

최언니라고해

저탄수 ■■■■□　중단백 ■■■■□　고지방 ■■■■□

이름 : 최재록 | 39살 | 키토식(2차) 4년차 | 14kg 감량
키토 애정템 TOP 3 : 고기, 올리브오일, 애플사이다비니거 | 챙겨 먹는 영양제 : 비타민, 엽산, 콜라겐, 아르기닌

📷 choi.unni_

Q. 키토식을 시작한 계기는?

✦ 2017년에 만족(!)스러운 웨딩 촬영을 위해 키토식단과 운동을 병행하며 3개월 동안 10kg을 감량했어요. 그런데 신혼여행과 동시에 고탄고지의 향연에 빠져 요요의 쓴맛을 봤죠. 그 후 신나게 살을 찌웠는데, 자고 일어나면 얼굴과 몸이 비정상적으로 붓기 시작했어요. 피부 트러블과 무기력증, 체력저하. 정신을 차릴 수 없는 식곤증까지. 밥을 워낙 많이 먹었고, 달달하고 자극적인 음식을 좋아하다 보니 혈당이 치솟아서 그랬던 거 같아요.
일단은 식단부터 바로잡자고 생각하고, 2020년에 키토식을 재시작했어요. 4개월 만에 8kg을 감량했죠. 운동량이 늘어난 후에는 식사에서 단백질 비중을 늘리고 좋은 지방 섭취를 위해 고기, 올리브오일, 아보카도 등을 많이 활용하고 있어요. 현재는 식단과 운동을 병행하며 탄탄한 몸 만들기에 집중하고 있습니다.

Q. 직접 체험한 키토식의 장점은?

✦ 시작은 체중 감량이었지만 여러 가지 장점들을 체감하면서, 키토식이 일상으로 자리 잡았어요. 키토식 시작 후 살과 부기가 빠졌고, 성인 여드름이 자주 났는데 피부가 눈에 띄게 좋아졌어요. 밥 먹고 나면 짧게는 30분에서 길면 2~3시간은 잠들어서 일상생활이 어려웠던 식곤증도 사라졌고요. 남편은 키토식까지는 아니지만 조금씩 탄수화물 줄이기를 실천 중이에요.
제 생각에는 감정 기복도 개선된 듯한데 남편이 단호하게 그건 아니라고 하네요(ㅎㅎ).

Q. 키토식의 힘든 점은?

✦ 저는 밀가루 참기가 가장 힘들었어요. 저는 엄마가 농담으로 라면공장 아들한테 시집보내야 한다고 할 정도로 면을 좋아했어요. 키토식 재시작 후 1년 반 동안은 면을 아예 안 먹었고, 유지어터가 된 후로는 첨가물 없는 통밀, 호밀, 유기농 밀로 만든 식사 빵류를 한두 조각 정도 먹고 있어요.
외식 메뉴 제한이 많은 점도 힘들어요. 그런데 키토식 초기에는 유난을 떨어야 해요. 저는 찍어 먹는 소스까지 별도로 챙겨서 고깃집, 샤브샤브집, 돼지국밥집 등으로만 갔어요. 키토식에 익숙해진 후에는 나에게만 맞춰야 하는 식사자리가 되지 않도록 적절한 타협선을 찾았고요.
지금은 전부 면 종류인 식당만 아니면 괜찮아요. 밀가루가 밥보다 혈당을 더 빨리 올리는 데다 허기도 금방 지더라고요. 중식당에서도 짬뽕밥의 밥을 반만 먹는 식으로 타협하고 있

"무기력한 고탄고지 인간에서
운동하는 키토 유지어터로!
매 끼니 최선을 다하는 최장금의 레시피를 소개합니다!"

어요. 저는 가족과 함께 식사하는 비중이 높아서 제 음식을 따로 만들거나, 일반식 후 운동을 더 열심히 하거나 클린 식단을 열심히 만들어 먹는 식으로 좀 더 부지런하게 생활하고 있답니다.

Q. 키토 초보자에게 추천하는 식재료나 요리도구는?

✦ 100인 100키토인 만큼 '이건 반드시 있어야 해'라는 건 없다고 생각해요. 그보다 먼저 '차마 포기할 수 없는 부분'에 초점을 맞춰보세요. 고봉밥을 포기할 수 없다면 탄수화물은 줄이면서 포만감은 유지할 수 있는 곤약쌀이나 콜리플라워 라이스를, 한식 메뉴를 좋아한다면 성분 좋은 저당질 장류를 구비하면 유용해요.
고기 위주로 키토식을 한다면 애플사이다비니거를 함께 드세요. 소화에 도움을 주고 요산 수치 증가도 막을 수 있어요. 성능 좋은 블렌더나 전동 다지기는 하나쯤 갖고 있으면 두루두루 잘 쓸 수 있어요.

Q. '안 사도 돼요!' 하는 아이템은?

✦ MCT오일을 키토식의 필수템으로 여기는 분들도 있는데, 저는 개인적으로 키토식 입문자에게는 굳이 필요하지 않은 품목이라고 생각해요. 키토제닉 다이어트 카페에도 MCT오일을 과다섭취한 후, 복통이나 설사 후유증을 호소하는 글이 종종 올라와요. 키토식에 대한 이해와 경험이 어느 정도 누적된 후에, 내 몸에 맞게 MCT오일 섭취를 시도해 본다면 더 좋은 효과를 얻을 수 있어요.

Q. 나만의 키토식 룰은?

✦ 쉽게 지치는 성격이라 주로 멘탈 관리에 중점을 두고 있어요. 체중계 숫자에 일희일비하지 않기, 다른 사람의 감량치와 비교하지 않기, 치팅하더라도 너무 좌절하지 않고 최대한 빠르게 클린 식단으로 복귀하기 등을 주로 되새겨요.
이외에는 하루에 최소 16시간 이상 공복을 유지하고, 포만감 있게 먹되 폭식하지 않으려고 노력해요. 끊임없이 식욕을 돋우는 고탄수, 고당질 음식만 피한다면 폭식을 막을 수 있어요. 그리고 최대한 맛있고 정성스럽게 요리한다면 한 끼 식사에 더 큰 만족감을 느낄 수 있답니다.

일러두기! 본 챕터에서는 원 레시피 맛의 정확한 구현을 위해 재료 계량을 g으로 하고, 일부 레시피는 숟가락 계량을 병기합니다.

매콤 편육

 30분  냉장 5일 / 냉동 1달

편육이 만들기 어렵다는 편견은 이제 그만!
물엿, 설탕, 화학조미료 없는 편육을 집에서 간단하게 만들 수 있답니다.
삶은 돼지머리 고기는 시판으로 쉽게 구할 수 있어요.
집에서 추가로 한 번 더 삶으면 돼지 잡내를 더 확실하게 제거할 수 있지요.
지방이 많아 자칫 느끼할 수도 있는 머리 고기 편육에 청양고추와 고춧가루를 넣어 질리지 않는 매콤함을 더한 게 포인트예요.
매운맛이 싫다면 청양고추와 고춧가루를 빼고 만들어도 돼요.
편육 간이 심심한 편이라 새우젓이나 최언니표 양념액젓을 곁들여 먹으면 더 맛있어요.
사골국물에 편육 한 덩이 넣고 푹 끓여내면 초간단 돼지국밥도 뚝딱!
대용량으로 만들어 냉동실에 보관했다가, 요리하기 싫은 날이나 갑자기 손님이 오셨을 때 내놓기에도 손색없는 메뉴랍니다.

★ 양념액젓 48쪽

재료 [8~10인분]

삶은 돼지머리 고기 1.6kg
청양고추 10개(90g)
소금 1숟가락(10g)
고운 고춧가루 1숟가락(5g)
마늘가루 1/2숟가락(2g, 생략 가능)
후추 2꼬집(1g)

1 삶은 돼지머리 고기를 큰 볼에 담고 가위로 잘게 자른다.

2 청양고추를 반으로 갈라 씨를 제거한 후, 채소 다지기나 블렌더를 이용해 식감이 살아 있을 정도로 다진다.

3 잘게 자른 고기에 다진 청양고추, 소금, 고춧가루, 마늘가루, 후추를 넣고 고루 섞는다.

> 마늘가루는 생략해도 되지만, 넣으면 고기 잡내가 없어지고 감칠맛이 나요. 고운 고춧가루 대신 굵은 고춧가루를 곱게 갈아 써도 괜찮아요.

4 용기에 고기를 빈틈없이 꽉꽉 눌러 담고 뚜껑을 닫아 냉장고에서 8시간 이상 굳힌다. 뚜껑을 열어 표면을 만졌을 때 진득거리지 않고 단단하다면 완성!

> 용기의 뚜껑이 겨우 닫힐 정도로 고기를 최대한 꾹꾹 눌러 담아야 밀도 높은 편육을 만들 수 있어요.

돼지머리 고기 잡내 없애기

온라인이나 마트에서 판매하는 삶은 돼지머리 고기를 집에서 한 번 더 삶으면 잡내를 확실히 제거할 수 있어요. 또, 뜨거울 때 편육을 만들면 서로 잘 접착된 상태로 굳힐 수 있답니다.

[재료] 삶은 돼지머리 고기 1.6kg, 쓰다 남은 자투리 향신 채소(양파 껍질, 대파 잎, 파 뿌리, 생강, 마늘 등. 월계수잎, 통후추, 소주도 OK)

1 삶은 돼지머리 고기가 잠길 분량만큼 솥에 물을 붓고 향신 채소를 넣어 먼저 끓인다.
2 물이 끓는 동안, 고기를 씻은 후 솥에 들어가기 좋은 크기로 자른다(대략 어른 주먹만 한 크기).
3 물이 끓으면 고기를 넣고, 잡내가 날아가고 물이 넘치지 않도록 뚜껑을 닫지 않은 상태로 15~20분가량 중강불에서 삶는다.

르뱅쿠키

 TIME 50분 　냉장 4~5일 / 냉동 2주

키토제닉 다이어트 카페 회원분들께 많은 사랑을 받았던 최언니표 르뱅쿠키예요!
르뱅쿠키는 뉴욕의 르뱅 베이커리에서 만든 초코칩 쿠키로
다진 견과류와 초코칩이 듬뿍 들어간, 말 그대로 '겉바속촉'하고 달달한 아메리칸 쿠키랍니다.
사실 이 최언니표 르뱅쿠키는 언젠가 키토 디저트숍을 열고 싶다는 꿈을 간직한 제가
비장의 카드로 꽁꽁 숨겨놨던 메뉴예요. 그만큼 자신 있는 쿠키이니 꼭 만들어보세요.
저는 르뱅쿠키에 피칸, 호두, 아몬드, 마카다미아를 주로 넣는데,
피칸은 꼭 넣고 나머지는 그때그때 취향껏 사정껏 넣어요. 피칸 비율은 40~50% 정도가 좋아요.

KETO POINT
밀가루 대신 아몬드가루, 밀크 초콜릿 대신 다크초콜릿으로 탄수와 당 함량은 줄이고, 견과류로 건강한 지방 함량은 높였어요.

재료 [5~6개]

[반죽]

아몬드가루 135g
타피오카가루 55g
분말 알룰로스 60g
베이킹파우더 4g
소금 1g
버터 20g
달걀 1개
바닐라 익스트랙 7g

[토핑]

전처리한 견과류 2~4종류 90g
(피칸, 호두, 아몬드, 마카다미아 등)
다크초콜릿(85~92%) 90g

내돈내산 추천제품
초코러브 익스트림 다크초콜릿 88%

RECIPE

1. 아몬드가루, 타피오카가루, 분말 알룰로스, 베이킹파우더, 소금을 볼에 담고 덩어리지지 않게 골고루 섞는다.

   알룰로스는 반죽의 결착력을 높이는 역할도 합니다. 덜 달게 하려고 알룰로스의 양을 많이 줄이면 반죽이 뭉치지 않을 수 있으니 주의!

2. 다른 볼에 버터와 달걀, 바닐라 익스트랙을 넣고 잘 섞은 뒤 ❶과 합친다. 재료들이 어느 정도 섞여 반죽의 형태를 갖추기 시작하면 손으로 골고루 반죽한다.

   가루류는 거품기로 섞는 게 적합하고, 액체류가 들어가 뻑뻑해지면 그때부터는 주걱으로 섞는 게 편해요.

3. 손톱 정도 크기로 다진 견과와 다진 다크초콜릿을 쿠키 반죽에 섞는다. 너무 작지 않은 크기로 투박하게 다져야 식감이 좋다.

   초콜릿을 큼직하게 다진 후 체에 밭쳐 가루를 걸러내면 구움색도 훨씬 예쁘고 반죽도 깔끔해져요.

4. 넓은 틀에 유산지를 깔고 개당 80~100g으로 나눠서 둥글게 모양을 잡은 후, 140℃로 예열한 에어프라이어에 25분간 굽는다. 오븐을 사용한다면 10℃를 올려 조리한다. 오븐이나 에어프라이어 바닥 쪽에 열선이 없다면 식힌 후 뒤집어서 같은 온도로 10분간 더 굽는다.

5. 완성한 쿠키는 실온에서 완전히 식힌 후, 풍미와 식감을 살리기 위해 최소 6시간에서 하루 정도 냉장 숙성한다.

TIP
견과류 전처리하면 쿠키의 풍미가 좋아져요

르뱅쿠키를 만들 때는 견과류의 불순물과 떫은맛을 없애기 위해 끓는 물에 3~4분간 데쳐서 씻은 다음, 에어프라이어나 오븐에 로스팅하는 전처리 과정을 거치면 견과류가 훨씬 고소하고 깔끔해서 완성된 쿠키의 풍미가 다르답니다. 100℃에서 1시간가량 저온 로스팅하면 제일 맛있고, 시간이 없다면 180℃에서 20분 안팎으로 구워도 좋아요. 기기마다 차이가 있으니 시간은 약간씩 가감하세요.

바질 토마토 짬뽕

 30분

얼큰하고 새콤해서, 술을 안 마셨어도 해장 체험이 가능한 바질 토마토 짬뽕.
이 메뉴도 키토제닉 다이어트 카페에서 인기가 많았던 메뉴예요.
짬뽕인데 파스타 같기도 하고 파스타 같은데 짬뽕인 마성의 바질 토마토 짬뽕!
먹을수록 중독되는 개운함과 감칠맛에 반하실 거예요. 첨가물 범벅인 외식 짬뽕보다 더 맛나고 고급진 맛이라고 자부합니다.
청양고추를 1개 정도 다져서 넣거나 토마토 페이스트, 스리라차 소스를 취향껏 넣어 먹어도 좋아요.
짬뽕은 생각보다 만들기 쉽고 정해진 레시피도 없어요. 재료 분류를 미리 해놓고, 순서대로 넣으면 조리가 더 편리해요.
채소는 향이나 맛이 강한 표고버섯을 제외하고 냉장고 사정껏,
고기도 원하는 부위로 취향껏 만들어보세요.

재료(1인분)

[A]
돼지 목살 100g, 대파 1줄(40g)
무향 오일 1.5숟가락(10g)
다진 마늘 1/2숟가락(3g)

[B]
일반 고춧가루 1.3숟가락(10g)
고운 고춧가루 1숟가락(8g)
간장 1숟가락(6g), 참치액 1숟가락(6g)
소금 2꼬집(1g)

[C]
쌀곤약면 1팩(180g), 양파 50g
양배추 50g, 당근 15g
무설탕 케첩 2/3숟가락(8g)
물 500g

[D]
토마토 1개(100g), 손질한 새우 8~10마리(80g), 숙주 한 줌(70g)
오징어 슬라이스 30g
바질가루 1/2숟가락(1g), 후추 약간

RECIPE

1. 돼지 목살, 양파와 양배추, 대파를 엄지손가락 크기 정도로 먹기 좋게 자른다. 새우와 숙주는 깨끗이 씻고 당근은 얇게 슬라이스한다.

2. 토마토는 부드러운 식감을 위해 껍질을 제거하고 한입 크기로 자른다.

   토마토의 윗부분에 십자 칼집을 내고 끓는 물에 1분가량 데치면 쉽게 껍질을 벗길 수 있어요.

3. 냄비를 달군 후 무향 오일을 두르고 다진 마늘과 대파를 볶아 향을 낸 다음, 돼지고기를 넣고 중불에서 5~7분간 같이 볶는다.

   무향 오일은 코코넛오일이나 라드유를 추천. 목살 아닌 다른 부위도 OK!

4. 고기가 익으면 약불로 줄인 후 재료 [B]를 넣고, 고기에 양념이 골고루 배도록 5분간 한 번 더 볶는다.

   전량 일반 고춧가루를 넣어도 돼요.

5. ❹에 재료 [C]를 넣은 다음 강불에서 2~3분간 끓인다. 곤약면의 수분으로 국물이 싱거워졌다면 간장이나 참치액을 1~2숟가락 추가한다.

6. 재료 [D]를 넣고 해물이 다 익을 때까지 중강불에서 3~4분간 더 끓이고 면기에 담으면 완성!

   다진 청양고추나 스리라차를 약간 추가하면 더 얼큰하고 진하게 즐길 수 있어요.

왕갈비 치킨  45분

키토식을 클린하게 실천하다가도 가끔 단짠단짠 양념 입힌 배달 치킨이 너무나 먹고 싶을 때가 있잖아요?
이럴 때 물엿이나 설탕, 조미료 없이도 속세의 치킨 맛을 그대로 즐길 수 있답니다.
치킨을 다 먹고 나서 남은 양념에 곤약밥 반 팩을 넣고 볶으면 치밥까지 가능한 1타 쌍피 메뉴!

TIP
스모크향이 필요할 땐 리퀴드 스모크
리퀴드 스모크는 흔히 목초액으로 불려요. 요리에 스모크향을 입힐 때 소량 사용하는데, 원재료에 정제수와 스모크향만 들어간 제품으로 고르는 것을 추천해요.

재료 [2인분]

볶음탕용 닭 900g

[염지] 소금 1/2숟가락(4g), 무향 오일 2/3숟가락(8g), 액상 알룰로스 1/2숟가락(생략 가능), 후추 1꼬집

[소스] 간장 1/4컵, 액상 알룰로스 2.5숟가락, 양파가루 1/4숟가락, 마늘가루 1/4숟가락(또는 다진 마늘 1/2숟가락)
사과식초 1/2숟가락, 청주 또는 무가당 소주 3숟가락(21g), 파프리카가루(또는 고운 고춧가루) 1꼬집, 물 2숟가락
리퀴드 스모크 1/4숟가락(0.5g, 생략 가능)

RECIPE

1. 잡내를 제거한 닭을 깨끗하게 씻은 후, 키친타월로 물기를 꼼꼼히 닦는다.
   닭을 세척 전 소주를 소주잔으로 1~2잔 섞은 물 또는 우유에 15~30분간 담가 잡내를 제거하세요.

2. 닭에 염지 재료를 넣고 골고루 버무린 뒤 냉장고에 3~4시간 넣어둔다.
   특유의 향이 있는 아보카도오일도 간장 양념에 향이 묻히니 OK!

3. 염지한 닭을 예열한 에어프라이어에 넣고 180℃로 15분, 뒤집어서 10분간 굽는다. 오븐 사용 시에는 10℃ 올려서 동일한 방법으로 굽는다.

4. 닭을 굽는 동안 소스 재료를 전부 섞는다.

5. 팬에 소스를 넣고 중약불에서 한소끔 끓으면 구운 닭을 넣고, 중간중간 뒤집으며 닭에 양념 색이 밸 때까지 졸인다.

6. 팬 바닥에 소스가 자작하게 깔릴 정도로 졸아들면, 약불로 줄인 뒤 고기에 반질반질하게 윤기가 돌 때까지 조리한다.
   ❺와 ❻의 과정에 소요되는 시간은 대략 10분 정도면 적당해요.

7. 조리가 끝난 닭을 접시에 담고 통깨를 뿌리면 완성!

KETO POINT

키토식을 하면 식초 대신 애플사이다비니거(애사비)를 많이 사용하죠. 그러나 향이 진한 브랜드의 애사비는 음식 맛을 해치기도 해서 저는 사과식초를 사용했어요. 오뚜기 제품 기준으로 당 함량은 미미하답니다.

만화고기 떡갈비

 **40분**

만화에서 튀어나온 듯한 귀여운 고기 모양이 재밌는 떡갈비를 소개합니다.
보기에 좋은 떡갈비가 먹기에도 더 좋은 법이잖아요! 새송이버섯으로 만든 갈빗대가 쫄깃한 식감은 물론
귀여운 모양새까지 담당해요. 여기에 윤기와 맛을 더해 주는 유장을 발라 맛을 한층 더 업그레이드했답니다.
고기 반죽은 다진 돼지고기와 소고기를 섞어 만들었는데, 이렇게 하면 더 부드럽고 풍미가 좋아져요.
고기 반죽은 노(No) 번 버거 패티로 활용하거나 달걀물을 입혀 동그랑땡으로 굽는 등 다양하게 활용해보세요.
가급적이면 만들어서 바로 드세요. 그러면 진짜 꿀맛이랍니다!

재료 (2인분, 6~7개)

[반죽] 다진 돼지고기 150g, 다진 소고기 150g

[양념] 다진 대파 4숟가락(30g), 다진 양파 4숟가락(30g), 액상 알룰로스 3숟가락(17g), 간장 2숟가락(12g),
타피오카가루 1/2숟가락(5g), 참기름 1/2숟가락(4g), 마늘가루 1/2숟가락(2g), 생강가루 1꼬집, 후추 약간

[갈빗대] 새송이버섯 1개

[유장] 간장 1숟가락(8g), 액상 알룰로스 1숟가락(6g), 참기름 1숟가락(6g), 물 3.5숟가락(24g)

RECIPE

1. 키친타월로 핏물을 제거한 다진 고기에 양념 재료를 모두 넣는다. 찰기를 높이고 부드럽게 만들기 위해 5분 이상 치댄다.

2. 새송이버섯의 머리와 맨 아래 기둥 부분을 잘라내고, 엄지손가락보다 약간 더 도톰하게 막대 모양으로 6~7개 자른다.
   새송이버섯 막대 개수에 맞춰 고기 반죽을 일정하게 나눈 다음 떡갈비를 만들면 크기를 비슷하게 맞출 수 있어요.

3. 떡갈비 반죽을 미니호떡처럼 둥글납작하게 빚은 후 새송이버섯 막대를 가운데에 올려 조물조물 붙이며 감싼다. 이때 버섯의 양 끄트머리가 밖으로 나오게 조금씩 남겨둔다.

4. 떡갈비 반죽 윗면에 유장을 바른다.
   유장은 음식을 구울 때 윤기와 맛을 더하기 위해 추가로 바르는 양념을 말해요.

5. 170℃로 예열한 에어프라이어에 10분간 굽고, 뒤집어서 유장을 발라 다시 10분간 굽는다. 오븐일 경우에는 10℃ 더 올려서 동일하게 굽는다.
   기기마다 출력이 다르므로, 조리가 끝나면 제일 두툼한 부분을 젓가락으로 찔러 핏물이 비치는지 확인하세요.

6. 다진 쪽파나 깨소금, 잣 등을 토핑으로 올리면 완성!

KETO POINT

고기 반죽에 찰기를 더하기 위해 밀가루 대신 글루텐이 없는 타피오카가루를 사용했어요. 타피오카는 버블티 속에 들어 있는 쫀득한 식감의 버블(펄)과 같은 성분인데, 요리에 점도가 필요하거나 식재료끼리 잘 뭉치게 해야 할 때 밀가루 대신 조금씩 사용하면 좋아요.

코코넛밀크 옛날 팥빙수

 10분

키토식을 하기 전에도 칼로리 때문에 먹기 망설였고, 키토식을 한 뒤에는 높은 당 때문에 엄두도 못 내던 팥빙수.
이제 우유 알레르기나 유당불내증이 있는 분들도 코코넛밀크와 무설탕 팥앙금으로
칼로리를 낮춘 저당 버전 옛날 팥빙수를 즐겨보세요.
키토제닉 다이어트 카페에서도 이 레시피로 2년 만에 팥빙수를 만들어 먹었다는 분이 계셔서 뿌듯했답니다.
무설탕 팥앙금은 한꺼번에 만들어 냉동 보관해 두었다가,
저탄수 스콘에 넣어 앙버터를 만들거나 팥죽 등에 활용해도 좋아요.

재료 (1~2인분)

코코넛밀크 200g
무설탕 팥앙금 2숟가락(60g)
볶은 콩가루 1숟가락(6g)
견과 분태(아몬드, 호두, 피칸, 마카다미아 등) 또는 저당질 그래놀라 1숟가락(10g)

내돈내산 추천제품
허니트리 코코넛밀크

RECIPE

1 코코넛밀크 200g을 지퍼백에 넣어 납작하게 얼려 준비한다.
2 얼린 코코넛밀크를 지퍼백째로 톡톡 부순 뒤 믹서기나 블렌더로 간다.
3 ❷를 그릇에 담고 견과 분태 또는 저당질 그래놀라를 올린 뒤 그 위에 무설탕 팥앙금을 얹는다. 블루베리나 딸기 등 베리류 과일을 소량 올려도 좋다.

토핑은 좋아하는 재료로 변경해도 괜찮아요.

TIP

활용도 높은 무설탕 팥앙금

[재료] 팥 200g, 물 700g, 소금 4꼬집(2g), 액상 알룰로스 5숟가락(60g)

1 2시간 이상 물에 불린 팥을 초벌로 5분가량 끓인 뒤 건져서 씻고, 다시 물에 넣어 중약불로 삶는다.
2 약 40분~1시간 동안 삶으면서 물이 줄어들면 팥이 잠길 정도로만 중간중간 물을 추가한다.
3 팥이 부드러워지면 주걱이나 국자 등 도구를 사용해 으깬다. 팥알의 식감이 느껴지지 않을 만큼 부드러운 앙금을 만들고 싶다면 핸드 믹서기로 곱게 간다. 팥이 충분히 부드러워졌는지 확인하려면 팥을 한 알 꺼내 으깨본다.
4 으깬 팥앙금에 소금과 액상 알룰로스를 넣고 타지 않도록 계속 저으며 중약불에서 4~5분간 한소끔 더 끓인다. 알룰로스 양은 취향에 따라 가감한다.
5 완전히 식힌 후 한 번씩 먹을 만큼 소분하거나 지퍼백에 납작하게 얼려서 보관하면 사용하기 편리하다. 냉동 보관은 2~3달 정도 가능하지만 가급적 빨리 섭취하는 게 좋다.

미소 라멘  20분

저는 원래 라멘 맛집을 일부러 찾아다닐 만큼 일본식 라멘을 좋아했어요.
그런데 키토식을 시작한 뒤로 탄수화물과 첨가물이 가득한 라멘을 마음대로 먹을 수 없어서 너무 아쉽더라고요.
저 같은 분들에게 뼈 육수 농축액으로 간편하게 즐기는 키토식 라멘을 소개합니다.
무첨가물 육수 농축액을 사용해 깔끔하고 담백한 맛을 내고, 밀가루면 대신 저탄수면을 사용했어요.
차슈나 반숙 달걀 등 본인 취향대로 좋아하는 토핑을 올려 먹는 재미도 쏠쏠해요.

재료 (1인분)

돈골(또는 사골) 농축액 1포(14g), 물 550g, 된장 1숟가락(17g), 가쓰오부시 1g, 참치액 1숟가락(7g), 액상 알룰로스 1g(생략 가능)
쌀곤약면 1팩(180g), 숙주 1줌(70g), 쪽파 1줄(8g), 후추 약간

내돈내산 추천제품 간편한식 돈골농축액, 마야 항아리 보리된장, 진참치액, 도담 쌀곤약면

1. 물과 돈골(사골) 농축액을 함께 넣고 끓기 시작하면, 된장과 가쓰오부시를 체에 받쳐 중약불에서 2~3분 정도 우린다.
2. 육수를 우린 후 체에 남은 된장과 가쓰오부시 건더기는 버린다.
3. 육수에 참치액과 액상 알룰로스, 쌀곤약면을 넣고 면에 간이 배도록 중불에서 5분 정도 끓인다.
4. 숙주를 넣고 살짝 숨이 죽을 정도로만 중불에서 가볍게 끓인 뒤 후추를 약간 뿌린다.
   된장마다 염도가 조금씩 다르므로 숙주를 넣기 전에 간을 본 뒤 싱거우면 소금을 추가하고, 조금 짜다면 숙주나 물을 소량 추가해서 간을 맞추세요.
5. 다진 쪽파를 올리고 그 외에 삶은 달걀, 삼겹살 수육, 베이컨 등 좋아하는 토핑을 올려 먹는다. 쪽파 대신 대파를 사용해도 된다.

- 일반 미소된장은 첨가물과 당이 많아서 비추천. 될 수 있으면 무첨가물 된장을 사용하세요.
- 쌀곤약면은 이름 그대로 곤약과 쌀을 합쳐 만든 면 제품으로, 100% 곤약면보다 식감이 훨씬 부드럽고 소화가 편해요.
- 쌀곤약면의 100g당 탄수화물 함량은 5.1g이니 본인의 하루 탄수 섭취량에 맞춰 드세요.

들기름 골뱅이 파스타  10분

'힙지로'로 불리는 을지로 유명 맛집의 들기름 낙지젓 카펠리니를 키토식으로 오마주한 메뉴예요.
젓갈의 짭짤함, 들기름과 깻잎의 고소함이 어우러지는 맛이 포인트랍니다.
카펠리니는 파스타 면의 한 종류로 가느다란 머리카락이라는 뜻의 얇은 면이에요.
저는 당면화한 천사채, 골뱅이와 깻잎채를 섞지 않고 먹어요. 각 재료의 맛이 잘 느껴져서 훨씬 맛있거든요.
통조림 골뱅이는 조미된 맛이 강해 추천하지 않아요. 생골뱅이를 사서 찔 수도 있지만
번거로우니 시판하는 자숙(익힌) 골뱅이를 구입하는 게 편리하답니다.

재료 [1인분]

자숙 골뱅이 70g, 당면화한 천사채 200g, 들기름 10g, 고운 소금 1꼬집

[양념] 저당 고추장 1숟가락(20g), 멸치액젓 1숟가락(8g), 액상 알룰로스 1숟가락(6g), 고운 고춧가루 1/2 숟가락(3g)
일반 고춧가루 1/2 숟가락(2g), 다진 마늘 1/3숟가락(3g), 생강즙 1/3숟가락(2g), 참깨 약간, 소금 2꼬집

[깻잎채] 깻잎 15장, 들깻가루 15g, 깨소금 약간

1 양념 재료를 골고루 섞는다.
2 자숙 골뱅이를 먹기 좋은 크기로 손질 후 양념에 버무려 냉장고에서 하루 동안 숙성한다. 숙성 과정을 거쳐야 간이 배고 안 비리다.
    통조림 골뱅이를 사용한다면 꼭 끓인 물에 데친 후 사용하세요.
3 당면화한 천사채를 들기름과 고운 소금에 버무려 접시에 담아 둔다.
4 깨끗하게 씻은 깻잎을 가늘게 채 썰어서 들깻가루에 버무린 뒤, 숙성한 골뱅이와 함께 천사채 위에 가지런히 올리고 깨소금을 뿌리면 완성!

천사채 당면화하는 법

1kg에 2,000원 정도면 살 수 있는 천사채는 식소다(베이킹소다)를 넣고 끓인 물에 데치면 보들보들해져 당면 대체제로 쓰기에 좋아요. 보통 10분이면 당면화가 완성되는데, 업체마다 천사채의 두께가 약간씩 다르니 8~9분쯤 상태를 확인하세요. 한 가닥만 건져 찬물에 헹궈 맛을 봤을 때 당면 식감이 난다면 당면화가 끝난 거예요.
당면화한 천사채는 지퍼백이나 용기에 담아 냉장보관하며 2주 안에 사용하세요.

[재료] 천사채 1kg, 식소다 30g

1 천사채 1kg을 큰 볼에 담고 식소다를 넣은 뒤, 천사채가 잠길 만큼 뜨거운 물을 부어 약 10분 전후로 둔다.
2 부드럽게 풀리면 미지근한 물로 깨끗하게 씻어서 사용한다.

생골뱅이 삶는 법

[재료] 생골뱅이 400g, 청주 50g

1 생골뱅이를 깨끗하게 세척 후, 골뱅이가 잠길 만큼의 물과 청주 50g을 넣고 강불에서 약 15분간 삶는다.
2 골뱅이를 체에 밭쳐 식힌 후, 뾰족한 도구를 이용해서 골뱅이 살을 발라낸다.

바나나 브라우니

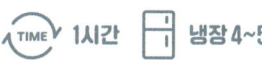

TIME 1시간 냉장 4~5일

꾸덕꾸덕하고 쫀득한 식감을 자랑하는 브라우니예요. 만들기도 쉽고 시판 브라우니만큼 맛있답니다.
밀가루 대신 타피오카가루와 아몬드가루를 사용했어요.
버터와 생크림이 들어가지 않아 유제품이 맞지 않는 사람도, 비건도 맘 놓고 즐길 수 있어요.
덜 익은 바나나를 사용하면 브라우니에서 풋내가 날 수 있으니 꼭 후숙해서 사용하세요.

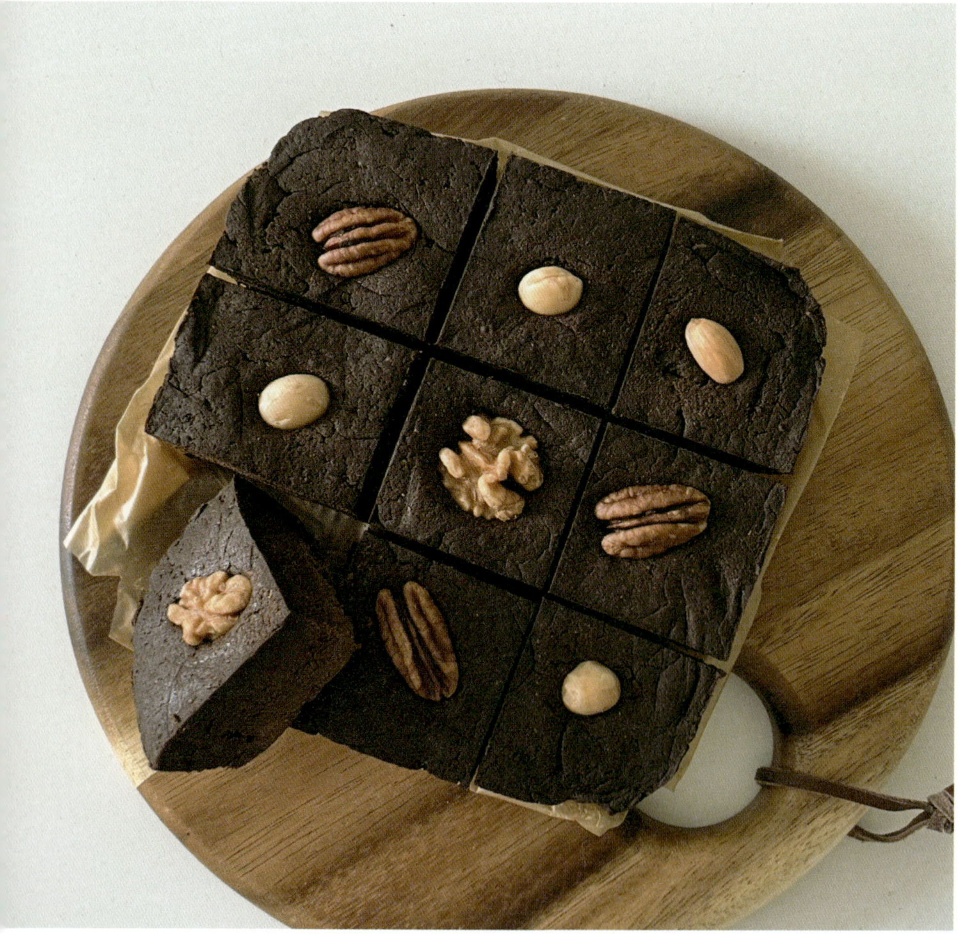

재료(9조각)

- 아몬드브리즈 언스위트 97g
- 완숙 바나나 1개(100g)
- 타피오카가루 30g
- 아몬드가루 40g
- 카카오가루 12g
- 분말 알룰로스 55g
- 소금 1g
- 베이킹파우더 1g
- 카카오매스 155g
- 땅콩버터 60g
- 견과류 약간

내돈내산 추천제품
- 칼리바우트 카카오매스
- 벨기에산 카카오매스

1 아몬드브리즈 언스위트에 바나나를 넣고 블렌더로 곱게 갈아둔다.

2 타피오카가루, 아몬드가루, 카카오가루, 분말 알룰로스, 소금, 베이킹파우더를 골고루 섞는다.

3 카카오매스, 땅콩버터를 볼에 담아 50~60℃의 물에 중탕한다.
땅콩버터의 기름층이 분리되어 있다면, 고루 섞은 다음 카카오매스와 한 볼에 담으세요.

4 ❸에 ❶을 먼저 섞은 다음, ❷를 넣고 섞는다. 주걱에 묻어나지 않을 정도로 매끈해질 때까지 반죽한다. 반죽이 잘 섞이지 않고 뻑뻑할 때는 중탕을 반복한다.

5 낮은 사각 틀에 유산지를 깔고 반죽을 편편하게 편 다음, 취향껏 견과류를 토핑한다. 반죽의 두께는 대략 엄지손가락 한 마디 정도가 좋다.
견과류는 브라우니 조각 수에 맞춰서 준비(9조각이면 9알).

6 150℃로 예열한 에어프라이어에서 140℃로 30분간 굽는다. 오븐 사용 시에는 10℃ 올려서 굽는다.

7 완전히 식혀서 6시간 이상 냉장 숙성한 후 9등분으로 자르면 완성.
식히지 않고 냉장고에 넣으면 열기로 인해 브라우니에 습기가 많이 차요. 냉장 숙성 과정에서 풍미가 올라가고, 차게 먹어야 식감과 맛이 더 좋답니다.

KETO POINT

- 바나나는 키토 친화적인 과일은 아니에요. 탄수량을 엄격하게 제한한다면 1회 섭취 시 브라우니 한 조각 정도만 드세요.
- 카카오매스는 첨가물이 없고 초콜릿보다 풍미가 좋아요.

투움바 로스트 치킨

 1시간

아웃백의 투움바 파스타 좋아하시는 분들 많으시죠?
고소하고 부드러우면서 살짝 매콤한 소스가 일품이라 저도 아웃백에 가면 "소스 많이 주세요."라고 요청하는
최애 메뉴랍니다. 이제 이 맛난 투움바 소스를 홈메이드로 즐겨보세요. 파스타면 없이 로스트 치킨과도 꿀조합!
숙성 과정 없이 바로 만들어도 되는 편리한 레시피랍니다.
레시피에는 투움바 로스트 치킨으로 소개했지만, 투움바 소스만 만들어서
곤약면이나 콜리플라워 라이스, 곤약밥과 함께 즐겨도 좋아요.

재료 [2~3인분]

볶음탕용 닭 800g, 소금 4꼬집(2g), 케이준 시즈닝 2/3숟가락(3g), 올리브오일 1숟가락(5g), 리퀴드 스모크 4~5방울(1g, 생략 가능)

[투움바 소스]

[A] 왕새우 6마리, 양송이버섯 6~7개, 버터 10g

[B] 무설탕 케첩 1.5숟가락(15g), 칠리가루(또는 고운 고춧가루) 1꼬집(0.5g), 파프리카가루 4꼬집(2g)

[C] 생크림 380g, 양파가루 2꼬집(1g), 마늘가루 1꼬집(0.5g), 소금 4꼬집(2g), 파마산치즈 2꼬집(1g), 참치액 2/3숟가락(4g) 부순 페페론치노 4~5알(가감 가능), 다진 쪽파 한 줄 분량(5g), 굵은 후추 약간

1. 닭을 잘 씻은 후 키친타월로 물기를 꼼꼼히 제거한다. 소금, 케이준 시즈닝, 올리브오일, 리퀴드 스모크를 섞어 닭에 골고루 바른 후 3~4시간 동안 냉장 숙성한다.

2. 180℃로 예열한 에어프라이어에 닭을 넣고 15분간 구운 다음, 뒤집어서 10분간 더 굽는다.

3. 닭을 굽는 동안 투움바 소스를 준비한다. 새우의 내장과 수분기를 제거하고, 양송이버섯은 십자썰기 한다.
   냉동 새우라면 해동 후 사용하세요.

4. 예열한 팬에 소스 재료 [A]를 넣어 중약불에서 볶고, 새우가 익으면 소스 재료 [B]를 전부 넣고 소스가 잘 배어들도록 약불에서 한 번 더 볶는다.

5. 소스 재료 [C]에서 쪽파와 후추를 제외한 나머지를 ❹에 넣고 중약불에서 3~5분간 끓인 후, 불을 끈 다음 쪽파와 후추를 넣는다.

6. 오목한 접시에 투움바 소스를 붓고 ❷에서 구운 닭을 올린 뒤 쪽파나 파슬리를 뿌리면 완성!

대파 만두  40분

키토 버전 만두로는 굴림만두가 많이 알려져 있죠. 감자전분에 데굴데굴 굴려서 만드는 굴림 만두는 만두피가 없다 보니, 둥글리다가 또는 찌다가 부서지기 쉬워요. 하지만 대파를 만두피로 쓰는 대파 만두는 그럴 일이 없답니다.
밀가루 만두피 대신 대파로 감싼 대파 만두는 모양 내기도 쉽고, 향긋한 대파향이 담백한 만두소의 맛을 몇 배는 올려주는 풍미 만점 만두예요. 질리지 않아서 계속 손이 가는 게 단점이랄까요.
남은 만두소는 달걀물을 입혀 동그랑땡으로 만들거나 돼지고기 깻잎전으로 만들어도 보세요.

재료(2인분, 약 20개)

[만두소] 다진 돼지고기 230g, 두부 1/2모(130g), 새우 10마리(100g), 다진 대파 4숟가락(30g)
소금 4꼬집(2g), 간장 1/2숟가락(3g), 달걀 1개, 마늘가루 2꼬집(1g)
들깻가루 1/2숟가락(3g), 생강즙 1/2숟가락(3g)

[만두피] 대파 흰 대 1줄

RECIPE

1 두부는 꼭 짜서 물기를 최대한 제거하고, 새우는 손질해 다진 후 나머지 만두소 재료와 전부 섞어 5분 이상 치대며 반죽한다.

냉동 새우라면 해동 후 내장과 수분기를 제거하고 다져요. 반죽이 질척하다면 타피오카가루를 소량 넣어 한 번 더 반죽해요.

2 대파 줄기는 손가락 길이 정도로 자른 후, 세로로 갈라 만두소를 감싸듯 채워 넣는다.

여름 대파는 식감이 다소 억세니 속겹을 사용하세요.

3 김 오른 찜기에 대파 만두를 넣고 중불에서 9~10분간 찌면 완성!

초간장(쪽파 우삼겹 육전 46쪽)이나 장아찌 국물(52쪽)에 찍어 먹어도 좋아요.

새우 팟타이  40분

태국 여행 중에 먹었던 팟타이의 맛을 키토식으로 구현하고 싶어서 만든 레시피예요. 팟타이는 태국식 볶음 쌀국수예요. 쌀로 만든 면에 해산물이나 고기, 달걀 등과 소스를 넣고 볶아 만들어요. 이 레시피에서는 소스의 당 함량과 면의 탄수화물 함량을 낮췄답니다. 팬을 여러 개 쓰지 않고 한 개로만 조리하여 설거짓거리를 줄이세요.

이 요리의 핵심은 타마린드 페이스트예요. 동남아 요리에 많이 쓰이는 향신료인 타마린드는 다소 생소하게 느껴질 수 있는 식재료지만 리얼 팟타이의 풍미를 내주는 키포인트랍니다. 새콤한 맛이 나며 대형마트에서 페이스트 형태의 제품으로 구매할 수 있어요.

재료 [1인분]

쌀곤약면 1팩(180g), 새우 4~5마리(80g), 숙주 한 줌(70g), 달걀 1개, 다진 대파 1숟가락(12g), 다진 마늘 1/3숟가락(5g)
베트남 건고추 3~4개(또는 청양고추 20g), 무향 오일 약간

[소스] 타마린드 페이스트 28g, 액상 알룰로스 3숟가락(20g), 멸치액젓 2숟가락(16g), 간장 1.5숟가락(9g)
애플사이다비니거 1숟가락(7g), 땅콩버터 1/3숟가락(5g), 물 1숟가락, 소금 1꼬집

내돈내산 추천제품 도담 쌀곤약면, 수리(SUREE) 타마린드

RECIPE

1. 소스 재료를 잘 섞은 뒤 전자레인지에 30초간 돌린다. 땅콩버터가 덜 녹았다면 10~15초간 더 돌린다.

2. 을 체에 받쳐 큰 타마린드 덩어리를 꾹꾹 눌러 가며 걸러낸다.

3. 쌀곤약면은 물에 헹궈 물기를 꼭 짜둔다. 두부면도 OK!

4. 예열한 팬에 무향 오일이나 라드유를 약간 두르고 다진 마늘과 다진 대파를 넣어 향이 올라올 때까지 중불에서 3분간 볶은 뒤, 소스와 면을 넣고 소스 색이 면에 밸 때까지 중약불에서 약 5분간 볶는다.

5. 면에 노릇하게 색이 배면 팬 한쪽 귀퉁이로 밀어둔다. 중불에서 새우를 넣고 볶아 4~5분간 익힌 뒤 다 익으면 팬 한쪽 귀퉁이로 밀어두고, 약불로 줄인 후 달걀물을 부어 스크램블드에그를 만든다.

   스크램블드에그를 만들 때는 팬에 달걀물을 부은 후 실리콘 주걱이나 젓가락으로 몽글몽글하게 저으며 익히세요.

6. 면과 새우, 스크램블드에그를 전부 섞고 숙주와 베트남 건고추를 넣은 다음, 숙주가 살짝 숨이 죽을 정도로 중강불에 가볍게 볶은 뒤 불을 끈다.

7. 그릇에 옮겨 담고 취향에 맞춰 땅콩 분태나 고수, 라임 등을 올리면 완성!

KETO POINT

당이 많은 시판용 팟타이 소스 대신 첨가물 없는 타마린드 페이스트와 대체 당으로 특유의 새콤달콤한 맛을 살렸어요. 만든 소스는 냉장보관 가능하며 10일 이내로 사용하세요.

고추참치 덮밥

TIME 20분

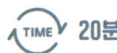

집에 있는 자투리 채소로 쉽게 만들 수 있는 저당 고추참치 덮밥이에요.

꼭 재료에 소개된 채소로 만들지 않아도 되고 분량도 정확하게 지키지 않아도 된답니다.

시판 고추참치는 첨가물과 당질이 많은데, 저는 일반 캔참치를 데쳐 첨가물을 최대한 제거하고 저당질 양념으로 조리했어요.

곤약밥이나 콜리플라워 라이스에 듬뿍 올려서 비벼 먹어도 좋고 김밥 속재료로 활용해도 좋아요.

마지막에 간을 맞출 때 취향껏 양념류를 조금씩 추가해도 괜찮아요.

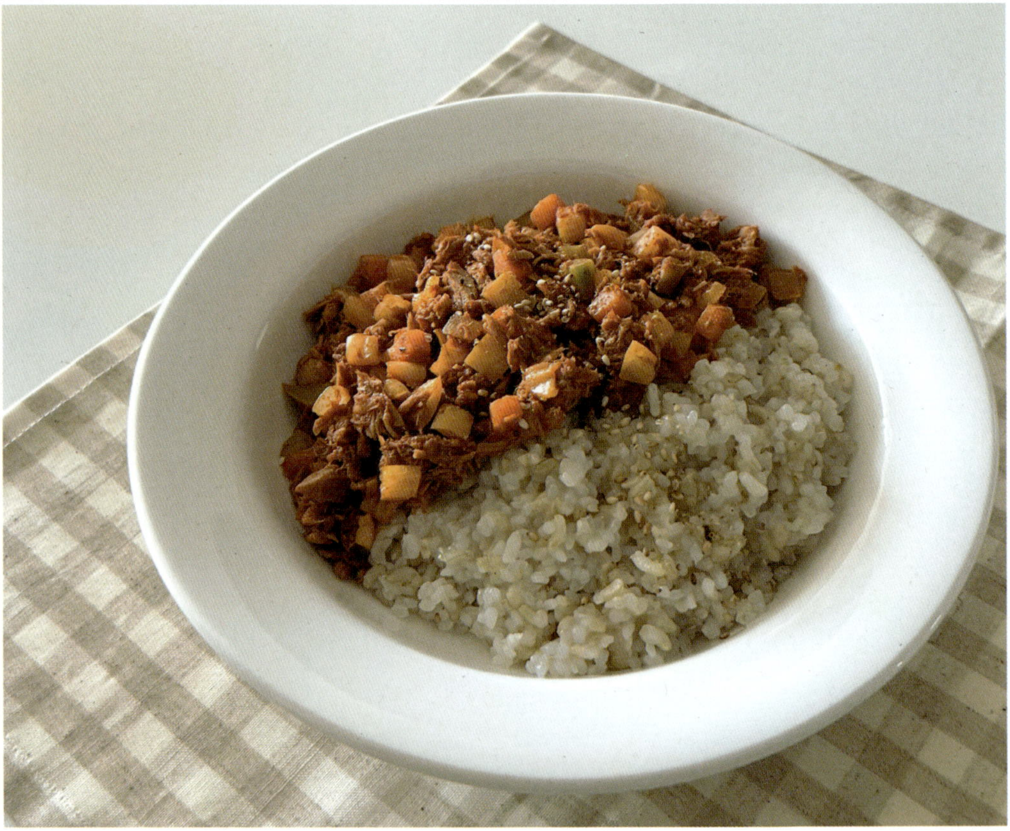

재료 [1인분]

캔참치 150g, 곤약밥 150g, 브로콜리 줄기 30g, 당근 20g, 양배추 20g, 파프리카 1/4개(20g), 양파 1/4개(20g), 소금 1꼬집

[**고추기름**] 무향 오일 2.5숟가락(15g), 고춧가루 1숟가락(5g)

[**양념**] 저당 고추장 1숟가락(25g), 무설탕 케첩 1.5숟가락(14g), 알룰로스 1숟가락(5g), 간장 1/3숟가락(2g), 참치액 1/3숟가락(2g), 마늘가루 1g, 고운 고춧가루 1g, 물 1.5숟가락, 스리라차 약간(생략 가능)

내돈내산 추천제품 라이틀리 곤약밥, kf food 더착한 케첩, 고맙당 비법고추장

RECIPE

1. 채소는 모두 0.5cm 정도 크기로 깍둑썰기한다. 끓는 물에 소금 1꼬집을 넣고 당근과 브로콜리 줄기를 넣어 1분 30초간 데친 뒤, 건져서 키친타월로 물기를 제거한다.

   브로콜리 꽃 부분은 부서지면서 지저분해져요. 브로콜리 줄기가 익힌 감자 같은 식감을 낸답니다.

2. 고추기름 재료를 섞어 전자레인지용 그릇에 담고 랩을 씌워 구멍을 낸다. 전자레인지에 넣고 10~15초씩 3~4회에 나누어 조리한 뒤 체에 밭쳐 고추기름을 걸러낸다.

   시판 고추기름이라면 2숟가락 분량이에요.

3. 캔참치는 체에 밭쳐 뜨거운 물로 씻어낸 다음 물기를 꼭 짜서 준비한다.

   올리브유 참치나 워터 참치라면 이 과정 생략.

4. 예열한 팬에 고추기름과 손질한 채소를 넣고 중불에서 3~4분가량 볶는다.

5. 양파가 투명해지면 양념 재료를 전부 넣고, 버무리는 느낌으로, 약불에 한 번 더 가볍게 2~3분가량 볶아 마무리한다.

6. 곤약밥이나 콜리플라워 라이스에 올리면 완성!

TIP

전자레인지로 고추기름 만들 때는 여러 번 나눠서!

고추기름을 만들 때 전자레인지에 여러 번 나눠서 조리하는 이유는 고춧가루를 태우지 않기 위해서예요. 직접 만든 고추기름은 냉장보관하고 1주일 내로 사용하는 게 좋아요.

KETO POINT

캔참치에 담긴 오일은 대부분 유전자변형(GMO) 식품인 카놀라유예요. 건강한 식재료를 지향하는 키토식에서는 섭취를 권장하지 않는 오일이죠. GMO 문제로 요즘은 올리브유 참치나 오일 대신 물을 사용한 워터참치가 나오는데 일반 캔참치보다는 가격이 비싼 편입니다. 동원참치 인 워터, 퍼시피카 튜나 등이 있는데 오프라인보다는 온라인 구매가 비교적 수월해요.

구운 어묵볼

 40분   냉장 2~3일

첨가물이 들어가지 않고, 기름에 튀기지 않아 다소 심심하게 느껴질 수 있지만
깔끔하고 담백한 맛이 매력적인 수제 어묵이에요. 밀가루 범벅에 성분도 모르는 어육이 아닌,
100% 생선살로 내가 직접 제대로 만든 명품 어묵을 먹고 싶어서 만들었어요.
어묵을 기름에 튀기면 번거롭고 나중에 기름 처리도 불편해 에어프라이어에 구웠답니다.
무설탕 케첩이나 머스터드를 곁들여 먹어도 좋아요.

재료 [2인분]

손질한 동태포 240g
새우 120g
반건조 오징어 70g
당근 20g
표고버섯 15g
쪽파 3~4줄기(10g)
무향 오일 1.5숟가락(3g)

[양념]

달걀흰자 1개
무가당 소주나 청주 2숟가락(14g)
타피오카가루 10g
마늘가루 1g
양파가루 1g
후추 약간

1 손질한 동태포와 새우, 반건조 오징어는 키친타월로 꼼꼼하게 물기를 제거한 후, 블렌더로 큰 덩어리가 없을 만큼 간다.

재료 자체에 짠맛이 있어서 소금은 넣지 않아도 괜찮아요.

2 당근과 표고버섯, 쪽파는 칼로 잘게 다진다.

블렌더나 야채 다지기보다 칼로 다져야 식감이 더 좋아요.

3 ❶과 ❷를 볼에 담고 양념 재료를 넣어 골고루 섞는다.

해산물의 물기가 제대로 제거되지 않아 반죽이 질다면, 타피오카가루를 소량 추가하세요.

4 편편한 틀에 종이호일을 깔고 그 위에 오일을 바른 뒤, 수저로 어묵 반죽을 한입 크기로 떠서 올리고 어묵 표면에도 오일을 바른다.

5 160℃로 예열한 에어프라이어에 15분간 굽고, 뒤집어서 3분간 구운 뒤 꼬치에 끼우면 완성!

쪽파 우삼겹 육전  15분

저는 육전을 참 좋아하는데 작게 여러 장 부치기가 번거롭기도 하고, 먼저 부친 육전은 금세 식어버려 아쉬웠어요.
그런데 육전 한 판을 크게 부쳐서 바로 자르면, 만들기도 간편하고 따끈한 상태에서 먹을 수 있어 좋더라고요.
레시피대로 만들면 육전 한 장이 나오는데, 단독 식사로 먹는다면 2장 정도는 먹어야 든든해요.
쪽파 대신 버섯이나 청양고추 등 자투리 야채를 냉장고 상황에 맞춰서 활용해도 좋아요.
초간장을 곁들이면 한층 더 맛있답니다.

재료 [1장]

우삼겹 100g
쪽파 15g
달걀 1개
소금 1꼬집
후추 약간

[초간장]

간장 1숟가락
애플사이다비니거 1/2숟가락
액상 알룰로스 1/2숟가락
고춧가루 1꼬집
물 1숟가락

1 달걀물에 소금과 후추를 풀어서 준비한다.

2 팬을 강불에서 예열한 뒤 중약불로 줄이고 우삼겹을 펼쳐 촘촘하게 깐다. 사이사이에 쪽파를 끼워 넣는다.

3 중약불에서 굽다가 바닥면이 노릇하게 익으면, 소금과 후추로 간한 달걀물을 골고루 붓는다.
   달걀물이 우삼겹과 쪽파 사이사이에 골고루 스며들어야 잘 뒤집어져요.

4 바닥면이 전체적으로 충분히 노릇해지면 뒤집어서 가볍게 익힌 다음, 먹기 좋게 자르면 완성!

전 예쁘게 잘 뒤집는 법

전 뒤집기에 자신이 없다면 팬과 비슷한 크기의 접시를 뚜껑처럼 덮으세요. 그대로 팬을 뒤집은 다음, 접시에 올린 전을 다시 팬에 옮겨 구우세요.

양념액젓

 5분 냉장 4~5일

쌈과 궁합이 최고인 양념액젓을 소개합니다. 양배추 쌈을 즐기는 남편이 특히 좋아하는 우리 집 단골 액젓 소스랍니다.
수육이나 구운 고기를 먹는 날은 식탁에 갖가지 쌈과 함께 꼭 올라오는 소스예요. 고기가 자주 올라오는 키토 밥상을 물리지 않게 만들어 주고, 특히 찐 양배추, 다시마, 물미역 등에 곁들이면 최고의 조합이니 꼭 만들어보세요.

재료 (3~4인분)

- 멸치액젓 12숟가락(80g)
- 고춧가루 1숟가락(6g)
- 대파 줄기(40g)
- 양파 1/2개(50g)
- 청양고추 4개(30g)
- 마늘 1톨(생략 가능)

내돈내산 추천제품
삼양수산 순아액젓

RECIPE

1. 씨를 제거한 청양고추와 대파, 양파는 다지고, 마늘은 얇게 편을 썰어 그릇에 담는다.
2. 고춧가루와 멸치액젓을 넣고 골고루 섞은 다음 실온에서 1~2시간 숙성하면 완성.

KETO POINT
- 시판 액젓에는 조미료가 어느 정도 들어가니, 가급적 첨가물이 없는 멸치액젓을 사용하세요.
- 탄수를 엄격하게 제한한다면 액젓의 비린 맛을 잡아주는 마늘은 생략하세요.

초간단 맛간장

 TIME 20분   냉장 1주

그냥 간장보다 맛간장을 사용하면 요리의 풍미가 확 올라가요. 그런데 맛간장을 만들려고 채수 끓이고 간장 끓이고 식히다 보면 집도 더워지고 진도 빠지고, 집 안에 간장 끓인 냄새가 진동하죠. 여기 불을 쓰지 않고 전자레인지를 이용해 간편하게 만드는 최언니표 맛간장을 소개합니다.

재료

[채수]
블루베리 25g, 사과 25g, 대파 흰대 15g, 양파 15g, 당근 15g, 무 10g
껍질 제거한 레몬 10g(또는 레몬즙 5g), 마늘 2톨(10g), 생강 2g
통후추 1g, 말린 다시마 5g
물 300g

[양념]
간장 73g, 분말 알룰로스 15g

내돈내산 추천제품
샘표 국산콩 양조간장

RECIPE

1. 통후추와 말린 다시마를 제외한 채수 재료를 얇게 썬다.

2. 말린 다시마를 제외한 나머지 채수 재료를 전자레인지 용기에 담고 뚜껑을 닫은 뒤 전자레인지에 3분간 돌린다. 골고루 뒤적여서 다시 2분간 돌린 뒤, 말린 다시마를 넣고 1분간 더 돌린다.

3. 약 2~3분 후 다시마만 건져내고 식혀서 체에 거른다.

   다시마는 오래 끓이면 진액이 나와 걸쭉해지고 쓴맛이 날 수 있으니 레시피 순서를 지켜주세요.

4. 걸러낸 채수(약 250g)에 양념 재료를 잘 섞어 냉장보관한다.

   냉장보관하더라도 1주일 안에 소진하는 것이 가장 좋아요.

장조림(feat.맛간장)

TIME 30분 냉장 10일

일반 장조림에는 물엿, 설탕, 맛술 등 당이 많은 소스와 합성첨가물이 들어가요.
하지만 맛간장을 활용하면 건강한 채수로 맛은 올리고 알룰로스로 단맛을 대체하여
합성첨가물 없는 건강한 장조림을 만들 수 있어요.

맛간장 49쪽

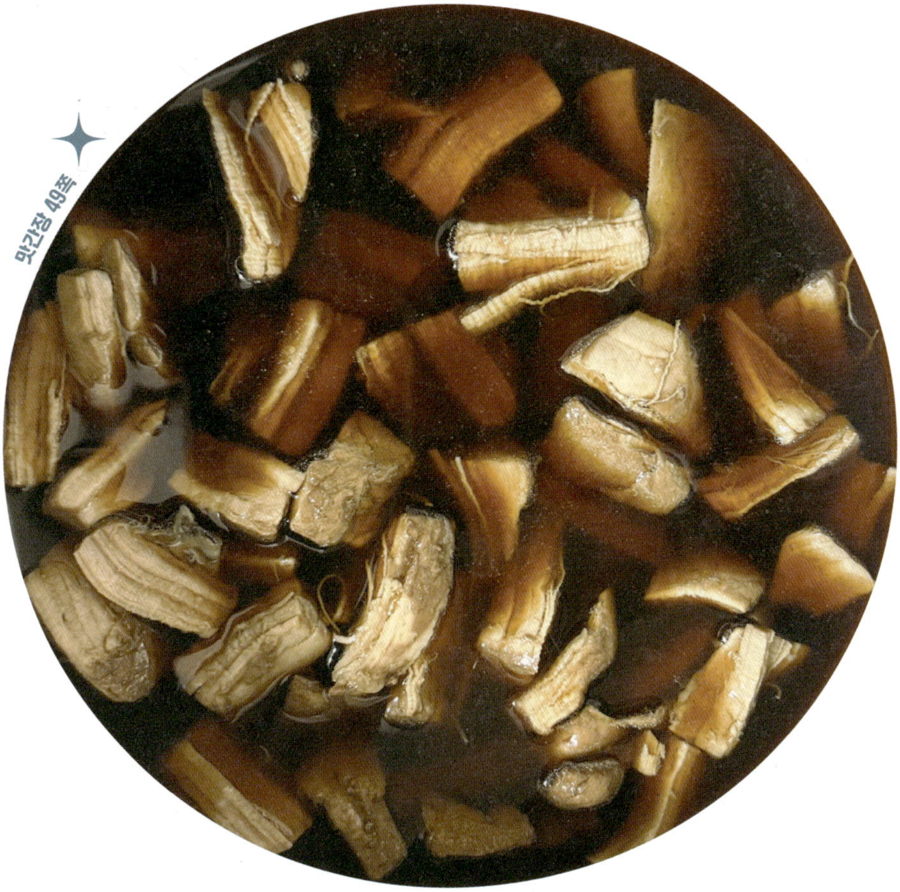

재료

- 돼지 안심 250g
- 물 200g
- 맛간장 210g
- 통후추 6~8알
- 자투리 향신 채소(대파 뿌리, 대파 잎, 양파 껍질, 마늘, 생강 등)
- 참기름 1~2g(생략 가능)

RECIPE

1. 돼지 안심을 가로 7cm, 세로 4cm 정도 또는 여자 주먹 크기 반 정도로 적당하게 자른다.
2. 냄비에 고기가 잠길 만큼 물을 붓고, 자투리 향신 채소와 통후추를 넣은 뒤 중불에서 끓인다.
3. 끓기 시작하고 약 3분 뒤 고기를 건져 가볍게 씻고, 고기를 데친 물은 버린다.
4. 새 냄비에 물(200g)과 맛간장, 데친 고기를 넣고 중약불에서 약 20분간 삶는다. 국물이 차츰 졸아들기 때문에 고기에 고루 간이 배도록 중간중간 뒤집는다.
5. 불에서 내리기 전에 참기름을 넣는다. 불을 끄고 한 김 식힌 후 고기를 먹기 좋은 크기로 찢어 장조림 국물과 함께 냉장 보관한다.

무장아찌
(feat. 맛간장)

 50분 냉장 1주

아삭아삭, 질리지 않는 저장 밑반찬으로 최고!
간장 장아찌에도 설탕이 어마어마하게 들어간다는 사실,
알고 계시죠? 맛간장 레시피를 활용해 간단히
만들 수 있는 저당질 무장아찌를 밑반찬은 물론
김밥 재료나 비빔밥 고명으로 다양하게 활용해보세요!

재료

무 220g
식초 20g
맛간장 120g
소금 5g

RECIPE

1 무를 도톰한 감자튀김 굵기 정도로 채 썰어 소금에 약 40분간 절인다.

2 물에 가볍게 헹궈 꼭 짠 다음, 키친타월로 물기를 제거하고 용기에 담는다.

3 맛간장에 식초나 애사비를 추가하여 무가 잠길 만큼 부으면 완성!

식초나 애사비는 취향에 따라 소량 가감해도 좋아요. 달달한 장아찌를 좋아하면 액상 알룰로스를 10g 추가하세요.

장조림 버터 비빔밥
(feat. 무장아찌)

 20분

맛간장으로 만든 무장아찌와 장조림을 활용한 한 그릇 요리예요.
고소한 달걀 버터 스크램블드에그와 짭조름한 장조림이 맛있게 조화를 이룬답니다.
달걀 스크램블드에그를 만들 때 생크림을 넣으면 맛이 한층 부드러워져요.
스쿨푸드의 시그니처 메뉴를 이제 키토식으로도 즐겨보세요.

재료 [1인분]

- 곤약밥 150g
- 다진 무장아찌 30g
- 장조림 국물 1숟가락(5g)
- 버터 2조각(각 5g씩 총 10g)
- 장조림 40g(국물 제외)
- 파슬리나 깨소금 취향껏

[달걀 스크램블]
- 달걀 2개
- 소금 1꼬집(0.5g)
- 생크림 3숟가락(25g)

1. 따뜻하게 데운 곤약밥 또는 콜리플라워 라이스에 다진 무장아찌와 장조림 국물, 버터 1조각을 넣고 잘 섞는다.
2. 달걀 스크램블 재료를 섞어 달걀물을 만들어둔다.
3. 예열한 팬에 남은 버터 1조각을 넣고 약불로 낮춘다.
4. 버터가 녹으면 달걀물을 넣고, 달걀이 되직한 크림처럼 묻어날 정도로 촉촉하게 스크램블을 만든다.
5. 달걀 스크램블과 따뜻하게 데운 장조림을 함께 밥 위에 올리고, 파슬리가루나 깨소금을 뿌리면 완성!

취향에 따라 장조림과 장조림 국물을 더 추가해서 비벼 먹어도 좋아요.

빵주현

저탄수 ■■■■■   중단백 ■■■■□   고지방 ■■■■■

이름: 이주현 | 33살 | 키토식 7년차 | 15kg 감량 | 감량템: 달걀 | 증량템: 유제품
키토 애정템 TOP 3: 달걀, 올리브오일, 아보카도 | 챙겨 먹는 영양제: 종합비타민, 유산균

📷 diet.hyeon2

Q. 키토식을 시작한 계기는?

✦ 원래 식단관리나 다이어트에 큰 관심이 없었어요. 그런데 새 직장에 입사한 후 6개월쯤, 인생 최대 몸무게를 찍었지 뭐예요. 저녁식사 시간 없이 밤 10시에 퇴근해 주로 배달음식을 배부르게 먹고, 다음 날 출근을 위해 바로 잠들곤 했어요. 그러다 보니 살도 살인데 장건강에도 문제가 생겼어요. 항상 배가 차갑고 속은 더부룩하면서 자주 체하고, 먹으면 무조건 설사를 했어요. 그래서 건강한 몸을 만들기 위해 다이어트를 시작했답니다.

Q. 직접 체험한 키토식의 장점은?

✦ 첫 번째, 체중 감량이에요. 탄수화물을 적게 먹고 좋은 지방을 여유 있게 먹다 보니 배고프지 않게 다이어트를 할 수 있었어요. 무조건 굶는 게 아니라서 흔히 말하는 입터짐이나 요요 없이 꾸준히 감량할 수 있었죠. 두 번째, 식습관 개선이에요. 밖에서 사 먹는 음식에는 키토식에서는 허용하지 않는 조미료나 설탕 등이 알게 모르게 많이 들어 있어요. 그래서 웬만하면 집에서 좋은 재료로 먹고 싶은 음식을 만들다 보니 건강한 식사를 하게 되더라고요. 또 먹고 싶었던 음식을 키토식으로도 충분히 만들 수 있으니까 식탐도 줄어들어 몸과 마음이 편안히 식사할 수 있게 되었어요.

Q. 키토식의 힘든 점은?

✦ 키토식은 단순히 '무엇을 먹어야 한다'는 식단이 아니라, 알면 알수록 더 새롭고 깊이 있는 식단이라 공부가 필요해요. 저는 처음에는 무조건 고기만 많이 먹으면 되는 줄 알고 일부러 많이 먹느라 힘들었어요. 소화기관이 약해서 소화가 더딘데 끼니마다 지방만 먹었더니 오히려 속이 거북하거나 체하는 날이 많았죠.

지금은 내 몸에 맞는 음식, 식재료를 고려해서 나에게 맞는 키토식을 하고 있어요. 저는 소고기, 돼지고기보다는 해산물이나 닭고기, 달걀이 잘 맞는 편이에요. 달걀, 아보카도, 잎채소 등을 즐겨 먹고, 소고기나 돼지고기는 소화능력을 고려해 양을 조절해요. 최근에는 찌거나 삶는 요리법을 사용하고 있어요. 내 몸에 맞는 식재료와 식단을 찾기 위해 많이 알아보셔야 해요.

before

*"몸무게 감량은 물론 직업까지 바꿔준 키토식!
장건강을 개선하고 삶의 에너지를 돌려준 키토식은
제 삶에 큰 선물이에요!"*

Q. 키토 초보자에게 추천하는 식재료는?

✦ 올리브오일, 소금, 애플사이다비니거를 추천해요. 달걀 프라이나 간단한 볶음요리 등에는 엑스트라 올리브오일을 사용하고, 신선한 올리브오일에 소금과 후추를 더하면 훌륭한 샐러드드레싱이 된답니다.
그리고 키토식에서 좋은 지방만큼이나 중요한 식재료가 소금이에요. 소금은 체내 미네랄이 균형을 이루도록 도와주기 때문에 적당량의 소금 섭취가 필요해요. 탄수화물을 급격히 줄이다 보면 탈수증상이 생길 수 있는데 소금으로 방지할 수 있어요. 사과식초나 애사비로 많이 알려진 애플사이다비니거는 혈압감소, 장내 가스 감소, ph밸런싱, 소화를 돕는 등 다양한 효능이 있어요. 저는 보통 식사 전이나 잠자기 전에 물에 타서 마시고 있답니다.

Q. "이거는 살 필요 없어요!" 하는 아이템은?

✦ 개인적으로 버터와 치즈 종류요. 우유를 제외한 유제품은 키토제닉에서 허용하는 식재료이지만 필수 식재료는 아니에요. 유제품 알레르기가 있는 사람들이 의외로 많고, 감량에 도움이 되지 않는다는 의견도 많아요. 저도 유제품이 증량템이에요. 그래서 치즈를 좋아하지만 가끔 즐기는 정도로만 먹고 있어요.
양질의 버터와 치즈 가격이 비싸다 보니 저렴한 유통기한 임박 제품을 대량으로 구매하는 분들도 있던데. 무조건 남들 따라 사지 말고 신선하고 질 좋은 제품을 먹을 만큼만 구매하셨으면 좋겠어요.

Q. 나만의 키토식 룰은?

✦ 저는 지금도 식단과 운동을 병행하면서 간헐적 단식을 하고 있어요. 보통 저녁식사를 오후 7시쯤 하고, 다음 날 첫끼를 오전 11시쯤 먹고 있어요. 그러면 16시간 정도 공복 시간을 유지하게 되는데. 감량에 가장 효과적인 데다 속도 편안하고 하루 컨디션도 좋아 계속 지키고 있어요.
고지방에도 중점을 두지만 양보다 질에 더 포인트를 두고 건강한 지방을 먹으려고 노력해요.

Q. 나에게 키토식이란?

✦ 키토식은 꼭 선물보따리 같아요. 저는 키토식을 하면서 건강한 몸과 믿을 수 없을 만큼 큰 15kg이라는 감량을 얻었어요. 키토식 중에 임신과 출산을 겪으면서 저탄수, 저당 식단으로 관리하며 빠르게 회복할 수 있는 힘을 얻기도 했죠. 키토식으로 감량한 덕분에 필라테스 강사라는 새로운 직업도 갖게 되었답니다.
이렇게 글을 쓰고 있는 지금 이 순간 또한 키토식의 선물이라고 생각해요.

김밥 잘 마는 요령

일하면서 가족들 식사도 챙기고 건강 식단도 하고 싶은 제게 김밥은 참 편한 메뉴예요. 재료를 미리 준비해뒀다가 술술 말면 한 끼 식사가 뚝딱 완성되거든요. 각자 식성에 맞게 넣는 재료를 바꿀 수도 있고, 재료 몇 개만 바꾸면 일반식과 키토식 하는 사람의 밥을 따로 차리지 않아도 되니 마법 같은 메뉴죠. 더구나 도시락으로 싸기도 편하고, 정해진 재료가 아니라 냉장고 사정이 허락하는 재료들을 그때그때 사용하면 되는 가성비까지 갖춘 '냉털 메뉴'랍니다.

김밥 재료준비가 번거롭게 생각되거나 김밥 말기가 어렵더라도, 몇 번 말다 보면 재료 준비도 빨라지고 모양도 예쁘게 김밥을 말 수 있을 거예요.

김밥을 쉽고 편하게 잘 마는 몇 가지 포인트를 알려드릴게요.

1 | 재료의 물기를 제거하세요!

재료에 수분이 있으면 김밥 말기가 힘들어요. 상추, 깻잎, 로메인 등은 세척 후 키친타월로 물기를 닦아내고, 오이, 시금치, 묵은지나 찐 양배추처럼 수분이 있는 채소는 물기를 잘 짜내고, 당근이나 버섯은 수분기가 생기지 않게 강불에 빠르게 볶아서 사용하세요.

2 | 익히거나 볶은 재료는 한 김 식힌 후 사용하세요!

뜨거운 재료의 열기는 김을 눅눅하게 만들어요. 당연히 김밥 말기도 어려워지고 모양도 예쁘지 않겠죠. 당근을 미리 볶아 냉장고에 보관했다가 김밥을 말면 시간도 줄일 수 있어요.

3 | 곤약밥은 김에 눌러 붙이듯 펴 바르세요!

일반 밥은 끈기가 있어서 김에 잘 달라붙어요. 그러나 쌀알보다 끈기가 부족한 곤약밥은 숟가락이나 스패출러로 김에 눌러 붙이듯 펴 발라야 김밥 말기가 쉬워져요.

4 | 그 외 꿀팁

- 김 끝부분에 물을 묻히면 밥 없이도 김밥이 잘 붙어요.
- 김밥 끝자락에 삐져나온 재료는 안으로 쏙쏙 집어넣으며 말아요.
- 김발을 사용하면 더 단단하고 예쁘게 김밥을 말 수 있어요.

오이참치 김밥

 10분

밥 대신 달걀지단을 사용하고, 소금에 절여 물기를 꽉 짠 오이와 참치마요를 조합한 김밥이에요. 키토제닉 다이어트 카페 회원분인 캐띠쌤의 오이참치 샌드위치에서 아이디어를 얻어 응용했어요. 더운 여름날 가스불 사용을 최소화하면서도 맛있게 먹을 수 있는 메뉴랍니다.

재료 (2줄)

- 김밥김 2장
- 달걀 3개
- 캔참치 1개(200g)
- 오이 1개
- 굵은소금 1/2숟가락
- 키토 마요네즈 3숟가락
- 소금 3꼬집

내돈내산 추천제품
- 마이노멀 마요네즈

RECIPE

1. 달걀지단을 부치고, 참치는 기름을 제거한 뒤 끓는 물에 살짝 헹궈 물기를 꼭 짜둔다.
2. 얇게 슬라이스한 오이를 굵은소금에 5분 정도 절여뒀다가 면보에 넣고 짜서 물기를 제거한다.
   - 면보에 넣고 물이 더 이상 나오지 않게 꼭 짜면 식감이 꼬독꼬독해져요.
3. 키토 마요네즈와 참치에 소금(3꼬집)을 넣고 잘 섞어 참치마요를 만든다.
4. 김 위에 달걀지단을 깔고 절인 오이, 참치마요를 얹고 돌돌 말면 완성!

KETO POINT

키토 마요네즈는 올리브오일이나 아보카도오일, 무항생제란이나 복지유정란 등 난각번호가 좋은 달걀, 설탕 대체제인 천연감미료(에리스리톨)를 사용하고 기타 첨가물이 들어가지 않아 소비기한은 짧지만 다이어트 식단 및 건강 식단에 사용하기에 좋아요.

닭고야 김밥

 TIME 10분

다이어트 하면 떠오르는 닭고야(닭가슴살, 고구마, 야채)가 들어간 김밥이에요.
흰 쌀밥 대신 찐 고구마를 사용해 혈당지수(GI)를 낮추고 달달함을 추가했어요.
밥을 얇게 펴 바르는 게 익숙하지 않아 김밥을 말기 어려웠던 초보자도 으깬 고구마를 이용하면
키토 김밥을 쉽게 만들 수 있어요.
지겹기만 했던 닭고야가 한입에 어우러져 부드럽고도 담백한 한 끼를 즐길 수 있답니다.
저는 파프리카와 로메인을 넣었지만 좋아하는 채소나 고기로 취향껏 변경해도 좋아요.

재료 [2줄]

김밥김 2장
고구마 1~2개(150g)
닭가슴살 110g
파프리카 1/2개(60g)
로메인 8장

1. 한 김 식힌 찐 고구마와 굵게 썬 닭가슴살, 채 썬 파프리카, 물기를 없앤 로메인을 준비한다.
   로메인 대신 상추도 OK!
2. 찐 고구마를 으깨 김 위에 펴 바른다.
3. 파프리카와 닭가슴살, 돌돌 만 로메인을 올리고 말면 완성!
   빨간색, 노란색 파프리카를 절반(30g)씩 사용하면 김밥을 잘랐을 때 단면이 예쁘게 보여요.

KETO POINT
군고구마보다 혈당지수가 낮은 찐 고구마를 사용하세요.

묵은지참치 김밥

TIME 10분

속세 김밥 중에서 제가 가장 좋아하는 김밥이 바로 참치 김밥이에요.
그래서인지 키토 김밥에도 참치를 많이 활용하는 편이랍니다. 그중에서도 묵은지참치 김밥은
묵은지 특유의 새콤함이 참치의 느끼함을 잘 잡아주는 환상의 메뉴입니다.
당근은 미리 볶아서 냉장고에 보관해두고, 즉석 곤약밥만 데우면
10분 만에 근사하고 건강한 김밥 두 줄을 뚝딱 만들어낼 수 있어요.

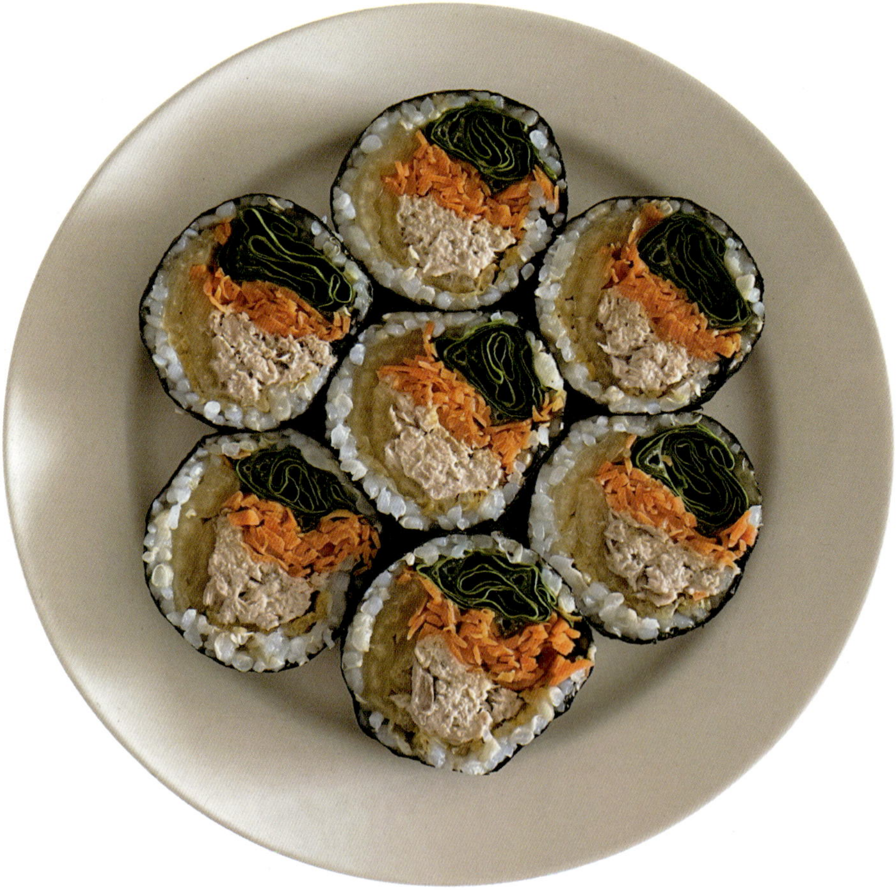

재료(2줄)

- 김밥김 2장
- 곤약밥 1팩(150g)
- 캔참치 1개(200g)
- 키토 마요네즈 3큰술
- 묵은지 4줄기(300g)
- 당근 70g
- 로메인 4장

RECIPE

1. 묵은지는 물에 헹궈 양념을 털어낸 후 물기를 꽉 짜서 준비하고, 곤약밥은 전자레인지에 데운 뒤 한 김 식혀 준비한다.
2. 기름을 버리고 끓인 물에 한 번 씻은 참치를 키토 마요네즈와 섞는다.
3. 김에 곤약밥 1/2을 펴 바르듯이 넓게 깔고, 묵은지 2줄기를 올린다.
   묵은지 양이 너무 많으면 간이 짤 수 있으니 주의!
4. ❷의 참치 1/2을 묵은지 위에 올린다.
5. 채 썰어 볶은 당근, 돌돌 말아 준비한 로메인을 올려 말면 완성!

양배추베이컨 김밥  15분

찐 양배추를 밥 대신 이용한 키토 김밥이에요. 양배추를 쪄서 여러 채소와 재료를 넣고 쌈을 싸듯 만들었어요.

양배추의 단맛과 베이컨의 짠맛이 어우러져 단짠이 조화를 이루는 김밥이랍니다.

양배추가 충분히 포만감을 주어 만족스러운 한 끼를 드실 수 있어요.

양배추는 섬유질이 많아, 소화력이 약하거나 갑상선 기능 저하증이 있다면 하루 10장 이내로 섭취하는 게 좋다고 하네요.

재료(2줄)

김밥김 2장, 양배추 6~8장(300g), 오이 1/2개(80g), 당근 1/2개(80g), 베이컨 4줄(60g), 달걀 2개

1   당근은 채 썰어 볶고 오이와 베이컨은 채 썬다. 찐 양배추는 한 김 식혀 물기를 꼭 짠다.
    양배추는 찜기로는 5~6분, 전자레인지로는 7~8분 찌면 돼요. 아삭한 것보다 촉촉하고 부드러운 식감이 좋아요.

2   달걀을 풀어 김밥의 가로 길이에 맞춰 달걀말이를 2개 만든다.
    달걀말이 대신 스크램블드에그로 만들어도 괜찮아요.

3   찐 양배추를 김 위에 넓게 포개어 올린다.

4   달걀말이와 채 썬 베이컨을 올린다.

5   채 썬 오이와 볶은 당근을 추가해 돌돌 말면 완성!

단호박 김밥

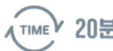

TIME 20분

단호박을 찌면 부드러워져 밥 대신 사용하기에 좋아요. 단호박이 제철인 여름부터 가을까지 제가 즐겨 먹는 메뉴예요. 달콤한 단호박엔 짭짤하고 고소한 오리고기가 찰떡궁합이죠. 단호박 오리찜의 꿀조합을 좀 더 간단하게 김밥으로도 즐길 수 있답니다. 마트에서 구하기 쉬운 훈제오리와 채소를 곁들여 한 줄만 먹어도 든든하고 포만감이 느껴져요.

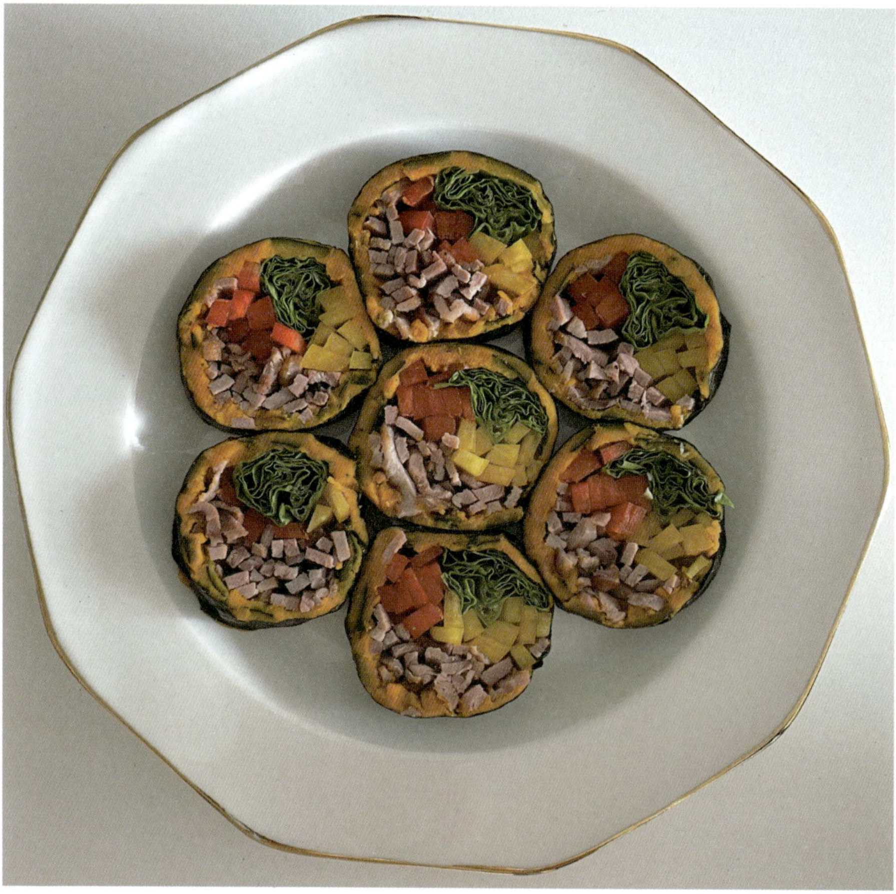

재료(1줄)

- 김밥김 1장
- 단호박 100g
- 훈제오리고기 80g
- 파프리카 60g
- 로메인 4장

RECIPE

1 깨끗이 씻은 단호박을 전자레인지에 1~2분 돌려 꺼낸 뒤 반으로 잘라 씨를 파낸다. 다시 전자레인지에 8분 정도 돌린 다음 으깨기 좋도록 적당한 크기로 자르고 식힌다.

전자레인지에 먼저 1~2분 돌려야 단단한 껍질이 살짝 부드러워져 칼로 자르기가 쉬워요.

2 파프리카는 채 썰고, 훈제오리는 뜨거운 물에 데쳐 중불에서 앞뒤로 노릇노릇하게 구운 뒤 채 썬다.

훈제오리를 뜨거운 물에 데치면 첨가물을 제거할 수 있어요. 한 조각 기준으로 길쭉하게 3~4등분 정도로 썰면 적당해요.

3 한 김 식힌 찐 단호박을 포크로 으깬다. 단호박 껍질을 제거하면 식감이 더 부드러워진다.

4 김 위에 단호박을 얇게 펴 바른다.

5 훈제오리와 파프리카, 로메인을 올려 돌돌 말면 완성!

KETO POINT
단호박은 탄수화물은 100g당 7g, 혈당지수는 52로 '단'호박이라는 이름이 주는 인상과 달리 착한 탄수화물 식재료랍니다.

달걀지단 김밥  10분

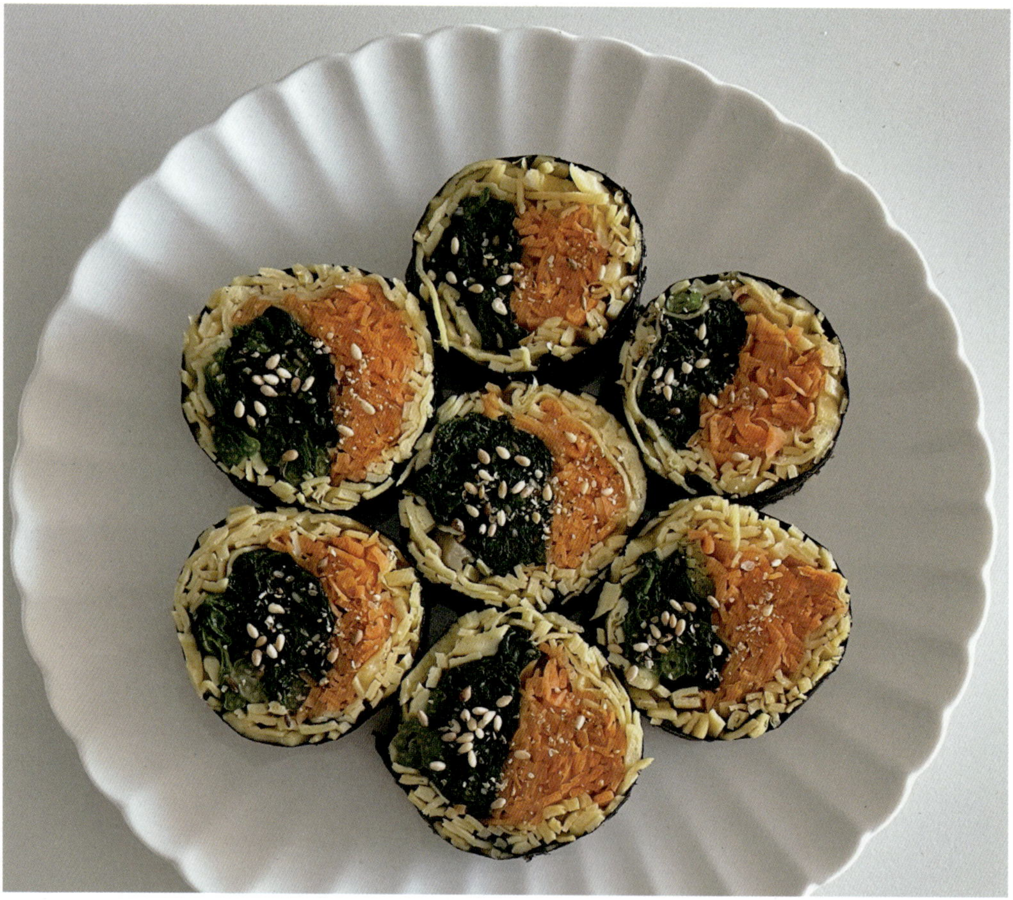

키토 김밥이라고 하면 가장 먼저 떠오르는 김밥, 바로 달걀지단 김밥이죠.
반찬으로도 자주 먹는 시금치나물과 볶은 당근을 가득 넣어 손쉽게 만들 수 있는 김밥이에요.
찐 양배추와 오이고추, 닭가슴살 조합도 추천해요! 키토 쌈장을 곁들이면 더 좋아요.

재료 [2줄]

김밥김 2장, 달걀 3개, 시금치 1/3단(100g), 당근 1/2개(70g), 소금 1/4숟가락

[**시금치나물 양념**] 국간장 1숟가락, 참기름 1숟가락, 다진 마늘 1/4숟가락(생략 가능)

내돈내산 추천제품 고맙당 쌈장

RECIPE

1. 달걀지단을 2장 부쳐 한 김 식힌 뒤, 식힌 달걀지단 2장을 겹쳐 돌돌 말아 얇게 채 썬다.
2. 시금치를 손질하여 끓는 물에 데친 뒤, 찬물에 헹궈 물기를 제거하고 양념을 넣어 버무린다.
3. 당근도 얇게 채 썰어 소금을 넣고 살짝 볶는다.
4. 채 썬 달걀 지단을 김 위에 밥 대신 넓게 펴 올린다.
5. 시금치나물과 볶은 당근을 올려 돌돌 말면 완성!

김밥에 넣기 전, 시금치나물을 살짝 짜서 물기를 빼 주면 좋아요.

TIP

달걀지단 잘 부치는 법

1. 달걀물을 만들 때 소금을 넣으면 달걀이 쉽게 풀어져서 섞기 쉬워요.
2. 달군 팬에 오일을 두르고, 중약불 정도에서 윗면의 달걀물이 흐르지 않을 정도가 되면 뒤집개로 뒤집어요.
3. 직사각형 팬을 사용하면 편하게 모양을 잡을 수 있어요. 참고로 저는 내돈내산으로 해피콜 그래핀 계란말이팬 소형을 사용했어요.

게맛살 김밥

TIME 10분

게맛살과 채소를 많이 넣어 샐러드 김밥 느낌으로 만든 키토 김밥이에요.
밥 대신 크래미를 잘게 찢어서 깔고, 고소하면서도 아삭한 채소가 상큼함을 더해 주는 메뉴랍니다.
샐러드처럼 신선하게 먹기 위해 생오이를 사용하고, 당근도 볶지 않고 그대로 사용했어요.
생당근 느낌을 별로 좋아하지 않는다면 당근을 볶아서 사용해도 괜찮아요.

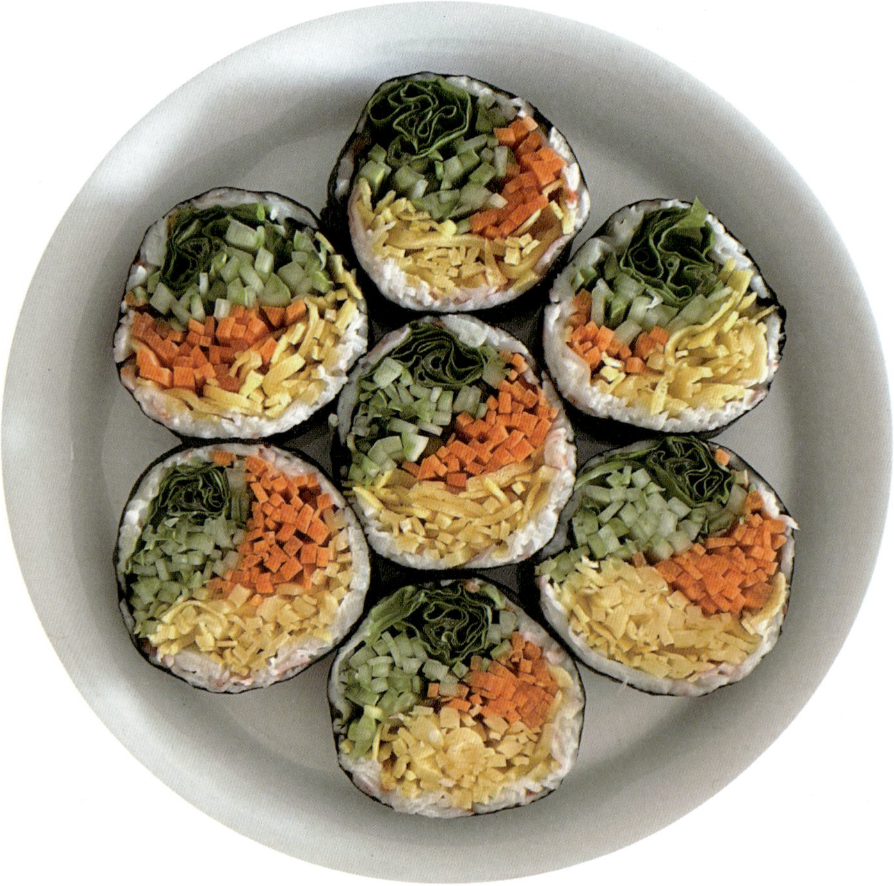

재료(2줄)

김밥김 2장, 달걀 2개, 크래미 낱개 5개(90g), 오이 1/3개(60g), 당근 1/4개(40g)
로메인 4장, 키토 마요네즈 2숟가락(30g)

내돈내산 추천제품 대림 크라비아(연육 함량 82%)

1   달걀지단을 부쳐 한 김 식힌 뒤 얇게 채 썬다.
2   오이, 당근은 채 썰고, 크래미는 잘게 찢고, 로메인은 씻어서 물기를 제거한다.
3   잘게 찢은 크래미에 키토 마요네즈를 섞어 김 위에 넓게 펴 올린다.
4   채 썬 달걀지단과 당근을 올린다.
5   돌돌 만 로메인과 채 썬 오이를 올리고 말면 완성!

크래미를 고를 때는 연육 함량이 높은 제품(79% 이상)으로 고르세요.

매운 달걀볶이

 20분

학창 시절 떡볶이를 먹을 때면 삶은 달걀을 추가해서 떡볶이 국물에 으깨 비벼 먹었던 기억, 한 번쯤 있으시죠? 떡볶이가 먹고 싶을 때면 키토식 양념으로 맛을 내 종종 만들어 먹으며 학창 시절의 추억을 소환하는 메뉴를 소개합니다. 저는 여기에 곤약밥과 김가루, 들기름을 살짝 넣고 볶아 먹곤 해요. 즉석떡볶이를 먹고 난 뒤 시키는 볶음밥처럼요. 모차렐라 치즈를 추가해도 맛있고 쪽파와 깨소금을 뿌려 먹어도 맛있어요.

재료 (1인분)

삶은 달걀 3~4개
양배추 2장(40g)
물 150ml

[양념]

저당 고추장 2숟가락
액상 알룰로스 3숟가락(30g)
고춧가루 1숟가락
간장 1숟가락
후추 약간
커리파우더 약간

내돈내산 추천제품
심플오가닉 커리파우더

RECIPE

1. 찬물에 달걀이 잠기도록 넣은 후, 물이 끓기 시작할 때부터 7~10분간(반숙은 7분, 완숙은 10분) 삶는다. 찬물에 식혀 달걀껍데기를 벗긴다.
2. 양념 재료를 모두 섞어 양념장을 만들고, 양배추는 먹기 좋은 크기로 썬다.
3. 찬물에 양념장을 넣고 바글바글 끓기 시작하면 양배추를 넣고, 양배추 숨이 죽을 때까지 중불에서 3분 정도 끓인다.
4. 삶은 달걀을 넣고, 양념이 잘 배도록 중간중간 국물을 끼얹으며 중불에서 국물이 자작해질 정도로 끓이면 완성!

KETO POINT

- 탄수를 엄격히 제한하지 않는다면 현미곤약떡을 100g 정도 추가해도 좋아요. 곤약떡은 오래 끓이면 퍼지기 때문에 4번 과정에 넣어 살짝만 익히세요.
- 마트에서 파는 시판 커리파우더에는 밀가루, 설탕, 첨가물이 많이 들어있어요. '커리파우더'로 검색하여 밀가루 없이 향신료만 섞여 있는 것을 선택하세요.
- 연육 함량이 높은 어묵을 추가해도 괜찮아요.

키토 식빵

 TIME 70분   냉장 3일

샌드위치에 사용할 식빵이 필요해서 만든 키토 식빵이에요.
밀가루 대신 아몬드가루와 차전자피가루로 만들었어요.
제가 만들어 본 키토베이킹 중에서 난이도가 최하라고
할 수 있을 만큼 쉽고 간편하지만 식감은 폭신하답니다.
일반 식빵은 글루텐이 들어가 쫄깃하고 가볍다면
키토 식빵은 묵직하면서도 폭신해요.
식사 빵으로 먹기에 포만감도 있고 속도 편해서 추천해요.
아몬드가루나 유제품이 들어간 음식은
빠른 기간 내에 소진하는 게 좋답니다.

재료

- 아몬드가루 140g
- 차전자피가루 10g
- 베이킹파우더 5g
- 베이킹소다 3g
- 소금 3g
- 달걀 2개
- 애플사이다비니거 15g
- 따뜻한 물 65ml

 RECIPE

1. 가루 종류는 모두 체 쳐서 한데 섞어 준비한다.
   차전자피가루는 반죽을 단단하게 뭉치게 하는 글루텐 역할을 대신해요.
2. ❶에 달걀을 넣고 골고루 섞는다.
3. ❷에 애플사이다비니거와 전자레인지에 1분간 데운 따뜻한 물을 넣고, 가루나 덩어리가 남지 않도록 잘 반죽한다.
4. 유산지를 두른 식빵 틀에 반죽을 붓고 표면을 평평하게 매만진 다음, 170℃로 예열한 오븐에 60분간 굽는다.
   저는 95×95×95mm 크기의 미니 식빵틀을 사용했어요.
5. 구운 식빵을 틀에서 바로 꺼내, 식힘망에서 식히면 완성!

양배추 갈비만두 ⏱ 30분

시판 갈비만두가 너무나 먹고 싶어서 만든 양배추 갈비만두입니다.
만들기도 간편하고 맛도 담백해, 건강하게 즐길 수 있는 메뉴예요.
찜기에 쪄서 찐만두로도, 팬에 기름을 두르고 노릇하게 구워서 군만두로도 즐길 수 있어요.
초간장에 찍어 먹으면 더 맛있게 먹을 수 있답니다.

재료 (10개)

다진 돼지고기 200g, 양배추 10장(500g), 두부 1/4모(90g), 부추 40g, 대파 40g, 마늘 1톨(5g), 생강가루 약간

[양념] 간장 1숟가락, 참기름 1숟가락, 에리스리톨 1/2숟가락(6g), 소금 약간, 후추 약간

[초간장] 간장 2숟가락, 식초 1숟가락, 물 1숟가락, 고춧가루 1숟가락

RECIPE

1. 다진 돼지고기는 키친타월로 눌러 핏물을 제거하고, 양배추는 쪄서 준비한다.
   양배추는 가급적 잎사귀 부분을 사용하고, 딱딱한 양배추 줄기 부분은 제거해야 만두를 말기 편해요. 찜기로는 5~6분, 전자레인지로는 7~8분 찌면 촉촉하고 식감이 부드러워요.

2. 대파와 부추, 마늘은 잘게 다지고, 두부는 면보를 이용해 물기를 꼭 짜둔다.

3. 양배추를 제외한 ❶과 ❷의 재료와 양념을 큰 볼에 넣고 골고루 섞어 만두소를 만든다.
   레시피 분량으로는 10개 정도 만들 수 있으니, 만두소의 양을 먼저 10등분 해두면 편해요.

4. 찐 양배추를 넓게 펼치고, 그 위에 만두소를 1숟가락 정도 올려 돌돌 말아 감싼다.
   양배추 잎 크기가 작으면 두 장을 이어서 만드세요. 김밥 말듯이 밑에서부터 말고 좌우 옆을 안쪽으로 모으며 말면 터지지 않게 잘 말 수 있어요.

5. 찜기에 12분간 찌거나, 기름을 두른 팬에 뚜껑을 덮고 중불에서 10분간 앞뒤로 노릇하게 구우면 완성!

묵은지 등뼈찜

 **40분**

인스턴트팟으로 만드는 묵은지 등뼈찜이에요. 저는 가족들이랑 외식할 일이 생기면 고깃집 다음으로 등뼈 전문점을 자주 가요.
돼지 등뼈 핏물 제거를 위해 반나절 정도 물에 담가두는 번거로움만 살짝 감수하면,
식당에서 먹을 때는 늘 아쉬운 고기 양도 넉넉히 넣어 푸짐하고, 좋은 식재료로 클린하게 간단히 만들 수 있어
자주 만드는 메뉴랍니다.
인스턴트팟은 다들 아시죠? 다용도로 사용할 수 있는 압력솥인데, 키토 식단을 할 때 여러모로 활용도가 높아서 추천해요.
인스턴트팟이 없다면 전기압력솥의 만능 찜기능을 사용하세요.

재료 (2~3인분)

돼지 등뼈 2kg, 묵은지 1/2포기(약 1kg)

[양념] 고춧가루 2숟가락, 다진 마늘 1숟가락, 국간장 1숟가락(10g), 에리스리톨 1/2숟가락(5g), 김칫국물 100ml

[육수] 양파 1개(170~200g), 대파 1대(90g), 마늘 5톨(20g), 된장 1숟가락(30g), 월계수잎 2장, 물 2L

1 돼지 등뼈는 반나절 정도 물에 담가 핏물을 제거한다.
   물에 담가 둘 때는 냉장 보관하고, 고인 핏물은 중간중간 버리고 새로운 물로 갈아주세요.

2 양념 재료는 모두 섞어둔다.

3 등뼈가 잠기도록 물을 붓고, 물이 끓기 시작한 시점부터 강불에서 10분간 끓인다.
   끓인 뒤 어차피 물에 씻어내야 하니 불순물을 중간중간 제거하지 않아도 괜찮아요.

4 등뼈를 찬물에 살살 헹구며 뼈와 살에 붙은 뼛가루나 핏물 덩어리와 같은 불순물을 손으로 매만져 제거한다. 육수 재료와 함께 인스턴트팟에 넣고 고압으로 15분간 조리한다.

5 삶은 등뼈와 육수에 묵은지와 김칫국물, 섞어 둔 양념 재료를 넣고 다시 고압으로 20분간 조리하면 완성! 이때 묵은지는 썰지 말고 포기째 넣는다.
   집집마다 묵은지와 김칫국물의 맛이 다르므로, 입맛에 맞게 가감해 간을 맞추세요.

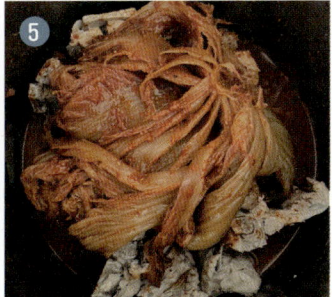

키토 컵카스텔라

 45분 냉장 3일

쌉싸름한 아메리카노에 안성맞춤인 부드럽고 달콤한 카스텔라가 생각날 때 키토 버전으로 만들 수 있는 컵카스텔라예요.
아몬드가루를 이용해 조금은 묵직한 느낌이지만 고소하고 식감도 부드럽답니다.
냉장실에서 하루 정도 숙성하면 묵직하면서도 촉촉해져 더 맛있어요.

재료 (4개)

아몬드가루 80g
달걀 2개
에리스리톨 20g
물 6g
베이킹파우더 1g
바닐라 익스트랙 약간
소금 약간

1 아몬드가루는 체 쳐서 준비한다.

2 실온에 둔 달걀을 볼에 풀고, 에리스리톨을 3번에 나누어 넣으며 뽀얗고 연한 노란색이 나올 때까지 휘핑한다.

3 ❷에 아몬드가루와 물, 베이킹파우더, 바닐라 익스트랙, 소금을 넣고 가루나 덩어리가 없어질 때까지 잘 섞는다.

반죽 상태는 틀에 부을 수 있을 정도의 점도면 적당해요.

4 반죽을 머핀틀에 붓고 160℃로 예열한 오븐에 30분간 구우면 완성!

077

아이스박스 케이크

 **20분** (숙성시간 제외)  **냉장 3일**

저는 투썸플레이스 카페 앞을 지날 때마다 늘 아이스박스 케이크가 생각이 나요. 사악한 가격이 함정이지만….
그래서 키토 오레오가 제품으로 출시됐을 때 얼마나 반가웠는지 몰라요.
키토 오레오인 '카탈리나 크런치 샌드위치 쿠키'는 글루텐프리에 저탄수, 무설탕 키토 쿠키라 탄수화물 함량이 낮아요.
키토제닉 다이어트 카페의 많은 분들이 키토 버전으로 만들 수 있기를 기다렸던 그 메뉴!
이젠 당 걱정 없이 아이스박스 케이크를 먹을 수 있게 되었어요.

재료

카탈리나 크런치 샌드위치 쿠키 1팩
크림치즈 140g
생크림 200g
에리스리톨 26g

1. 카탈리나 크런치의 쿠키 부분과 크림 부분을 분리한다.

   카탈리나 크런치 샌드위치 쿠키는 초콜릿 바닐라와 초콜릿 민트 2가지 맛이 있는데, 저는 초콜릿 바닐라 맛을 선택했어요.

2. 크림치즈와 카탈리나 크런치 크림을 섞는다.

3. 에리스리톨을 3번에 나눠 생크림과 함께 휘핑한다. 휘핑기를 들어올렸을 때 생기는 뿔이 꺼지지 않을 정도면 적당하다.

   손으로 휘핑할 수도 있지만, 휘핑에 뿔이 생길 정도로 단단하게 해야 하니 기계를 사용하는 걸 추천해요.

4. 휘핑한 거품이 꺼지지 않도록 ❷와 ❸을 살살 섞는다.

5. 밀폐용기에 크림과 쿠키를 층층이 쌓는다.

   쌓을 때는 꾹꾹 누르지 말고 크림 위에 쿠키를 가볍게 얹는 느낌으로 쌓으세요.

6. 가장 윗부분에는 쿠키를 잘게 부수어 장식하고, 뚜껑을 덮어 냉장실에서 3~4시간 이상 숙성하면 완성!

   냉장실에 넣어둬야 크림과 생크림이 아이스크림처럼 굳어요.

슈링테이블

저탄수 ▮▮▮▮▮ 중단백 ▮▮▮▮▮ 고지방 ▮▮▮▮▮

**이름: 임세린 | 25살 | 키토식 5년차 | 5kg 감량 | 키토 애정템 TOP 3: 버터, 고기, 달걀
챙겨 먹는 영양제: 비타민C, 비타민D, 비타민B군, 마그네슘, 아연, MSM, NAC, 오메가3, 달맞이꽃 종자유, 유산균**

📷 suring_table

Q. 키토식을 시작한 계기는?

✦ 대학 입학 전에는 부모님이 해주시는 건강한 음식만 먹고 살았는데 대학 진학 후 자취를 하면서 인스턴트나 배달음식을 자주 먹었어요. 2년을 엉망으로 먹다 보니 몸이 망가지고 건강이 나빠지더라고요. 당시 부모님이 대사질환(고혈압, 고지혈증, 당뇨)을 진단받으셨는데, 우연히 해외 다큐멘터리를 보고 키토제닉 식이요법을 알게 되었어요. 당시만 해도 키토제닉에 대해 부정적인 의견이 지금보다 훨씬 많았기 때문에, 제가 먼저 키토식을 해보고 효과가 있으면 부모님께도 권해야겠다고 생각하고 시작했어요.

Q. 직접 체험한 키토식의 장점은?

✦ 키토식을 하기 전에는 과민대장증후군으로 밖에서 뭘 먹기만 하면 설사를 했고, 뱃살은 없었는데 가스가 차며 임산부처럼 배가 부풀어 입던 옷이 안 맞을 정도였어요. 생리통과 생리 전 증후군도 정말 심해서 쓰러진 적도 있고, 진통제 없이는 살 수가 없을 정도였어요. 수족냉증, 피부트러블도 심했고요.
키토식을 한 이후 이런 증상들이 천천히 완화되더니 3개월쯤 지나니까 삶의 질이 달라진 게 느껴졌어요. 인스턴트나 몸에 좋지 않은 불량한 음식을 먹으면 바로 신호가 올 정도로 예민했던 위장상태가 개선되었고, 피부트러블, 생리통, 수족냉증도 모두 좋아졌어요. 원래도 표준 체중이어서 몸무게 감량은 5kg 정도로 드라마틱하지 않은데, 인바디를 해보면 체지방이 줄고 근육량은 늘었어요.

현재는 가공식품을 거의 먹지 않고, 외식도 잘 안 하며 대부분의 음식을 직접 만들어 먹고 있어요. 이전에 느끼지 못한 최상의 컨디션을 유지하는 건강한 몸이 되니, 마음에도 평화가 찾아와 여유로운 삶을 향유할 수 있게 되었답니다.

Q. 키토식의 힘든 점은?

✦ 불가피하게 외식을 해야 할 때, 메뉴 고르기가 힘들어요. 그리고 키토식 초기에는 가족을 이해시키고 설득하기가 어려웠어요. 매끼 밥을 먹어야 하는 한국식 식단에서 탄수화물과 과일을 멀리하니, 부모님의 걱정이 이만저만이 아니었거든요. 하지만 저의 변화를 보고서 가족 모두가 함께 키토식을 공부한 후 지금은 주변에 소개까지 하고 있어요.
부모님 두 분 다 50대 후반으로 한 분은 건강상 문제는 없지만 밥, 빵, 면을 너무 좋아했는데 지금은 식단 조절로 탄수화물 중독에서 벗어나셨어요. 그리고 대사질환을 진단받은 한 분은 기능의학 병원에서 주기적인 상담과 관리를 병행하며 저탄고지 식단을 하고 있어요. 물론 대사질환 상태도 많이 호전되었어요.

"평범한 공대생이었던 제가 키토식 시작 후
식품공학을 복수전공하고 식품영양학까지 공부하고 있어요!
많은 시행착오 끝에 탄생한, 입과 눈이 모두 행복한
슈링테이블의 키토 베이킹과 홈카페 레시피를 소개해요!"

Q. 키토 초보자에게 추천하는 식재료나 요리도구는?

- 먼저 버터, 코코넛오일, MCT오일 등 본인에게 맞는 좋은 지방 공급원을 찾으세요.

만약 베이킹을 즐긴다면 아몬드가루, 코코넛가루와 같은 밀가루 대체제와 밀가루의 글루텐 역할을 해줄 증점제(잔탄검, 차전자피가루, 아마씨가루, 글루코만난 등)를 준비하세요.
그 외에 에리스리톨, 알룰로스, 스테비아 등 키토 허용 감미료와 다양한 향신료(후추, 파프리카, 로즈마리, 바질, 오레가노, 큐민, 카카오가루, 시나몬가루 등)도 자칫 단조로울 수 있는 키토식에 재미를 더해 준답니다.
그리고 내열유리로 된 계량컵을 추천해요. 용량 확인이 간편하고 방탄음료를 바로 만들어 먹기에도 좋을뿐더러, 내열 소재라 지방이 많은 키토 요리 후 세척도 편리해요.

Q. 나만의 키토식 룰은?

- 식재료 구매 시 영양성분표와 원재료를 확인하여 순 탄수가 높거나 GMO와 관련된 제품은 피하고 있어요. 그리고 먹고 싶은 음식이 생기면 키토식으로 만들어 보려고 고민해요.

또 치팅을 하더라도 간헐적 단식 시간(16:8)을 지키고, 먹은 만큼 운동을 좀 더 열심히 해요.

키토 베이킹을 잘하려면?

1 | 소량 들어가는 재료일수록 계량은 정확히!

키토 베이킹은 재료 가격이 만만치 않기 때문에 소개된 레시피 양과 주의사항을 정확히 지켜서 만들어야 해요. 상대적으로 많이 들어가는 아몬드가루나 코코넛가루 등은 1~2g 정도 계량 오차가 있어도 결과물에 큰 영향을 끼치지 않아요. 그러나 잔탄검처럼 소량으로 들어가는 재료는 계량 오차가 있으면 결과물이 아예 달라질 수 있으니 정확히 계량해서 넣으세요.

2 | 달걀, 버터, 우유는 '실온 재료 사용'인지 확인!

레시피에 '실온 재료를 사용하라'고 되어 있는지 꼭 확인하세요. 달걀, 우유, 버터 등의 유지류를 차가운 상태 그대로 사용하면 반죽을 망칠 수도 있어요. 특히 겨울에는 실온에 둔 달걀도 차가운 편이라 미지근한 물에 잠시 담가 차가운 기운을 빼고 사용하면 좋아요.

3 | 탄수화물 기반 재료의 소량 사용은 OK!

탄수화물 재료를 소량만 넣어도 드라마틱한 식감과 맛의 개선 효과를 볼 수 있어요. 저는 GMO, 첨가물, 알레르기 등의 이슈가 없다면 전분, 쌀가루, 찹쌀가루, 유기농 밀가루 등을 30% 정도까지 첨가하는 것도 긍정적으로 생각해요. 애초에 LCHF 식단은 탄수화물 제한이 아닌 탄수화물을 줄이는 식이요법이니까요. 키토 베이킹을 할 때도 대량 섭취가 아닌 치팅 욕구를 줄이는 대안 식품 개념으로 접근해 먹는 게 바람직해요.

베이킹 재료 설명

- **판젤라틴** | 젤라틴은 아이스크림, 젤리, 마시멜로, 푸딩 같은 디저트를 만들 때 사용해요. 젤라틴은 열에 약해서 뜨거운 물을 사용하면 안 되고, 찬물(얼음물도 괜찮아요)에 가루젤라틴은 5분, 판젤라틴은 20~30분 정도 불려서 사용하세요. 판젤라틴은 장당 2g이라 따로 계량할 필요가 없어 편리해요.

- **칡 전분** | 칡은 우리나라에서는 칡즙이나 칡가루 등 약용으로 많이 쓰이죠. 그런데 칡 전분도 물을 넣고 가열하면 점성이 증가하면서 반투명해져 젤리나 화과자 등에 많이 쓰여요. 여러 전분을 써봤지만 저는 개인적으로 칡 전분을 선호해요. 일반적으로 사용하는 감자 전분이나 옥수수 전분에 비해 GMO 염려가 적고 GI 지수가 낮은 저항성 전분인 데다, 특유의 맛이 적고 부드러우며 매끄럽거든요. 전분 종류는 소량만 넣으니까 칡 전분이 없다면 다른 전분을 같은 양으로 사용해도 괜찮아요.

- **스워브** | 에리스리톨과 올리고당 가루를 곱게 간 설탕 대체제예요. 입자가 고운 에리스리톨이라고 생각하면 되고, 역시 가격이 착한 편은 아니에요. 입자가 고와서 슈가파우더 대신 토핑용으로 사용하기 좋아요.

- **레몬제스트** | 레몬제스트는 레몬 껍질에서 노란 겉 부분을 잘게 자른 것으로, 베이킹에서는 마들렌, 파운드케이크, 스콘 등에 활용할 수 있어요. 시제품도 있지만, 저는 홈메이드로 한꺼번에 많이 만들어 냉동 보관하며 조금씩 사용해요.

- **잔탄검** | 양배추 등의 식물에서 얻은 균에 탄수화물을 주입하여 발효시켜 만든 천연 혼합물로 흰색 가루 형태예요. 점성을 만들어주는 천연 점증제죠. 글루텐프리 식품에 넣으면 탄력과 쫀득함을 주며, 키토식에서는 소스나 수프 등에 전분물 대용으로 사용할 수 있어요. 액체와 닿으면 빠르게 뭉치는 편이라, 베이킹을 할 때는 잔탄검을 다른 가루류와 골고루 섞은 뒤 액체류를 넣어야 잔탄검만 덩어리지는 것을 방지할 수 있어요.

- **바닐라 익스트랙, 바닐라빈** | 바닐라 익스트랙은 바닐라빈을 알코올이나 시럽에 담가 바닐라 향을 우려낸 거예요. 바닐라빈은 난초과 덩굴식물인 바닐라의 열매랍니다. 바닐라 익스트랙보다는 바닐라빈이 향이 더 좋은 대신 가격도 더 비싸요. 둘 다 베이킹을 할 때 달걀 비린내를 없애고 풍미를 더 좋게 하려고 넣어요. 저는 일반 베이킹에는 바닐라 익스트랙을 사용하고, 커스터드푸딩이나 에그타르트 등 바닐라 향이 특히 중요한 베이킹에는 바닐라빈을 사용해요.

캐러멜 가나슈 타르트

 1시간 20분   냉장 2~4일

진하고 꾸덕한 가나슈와 쫀득한 밀크캐러멜을 동시에 맛볼 수 있는 타르트입니다. 가나슈에는 땅콩버터가 들어가 누텔라 같은 견과류의 고소함을 같이 느낄 수 있어 더욱 맛있어요. 버터가 많이 들어가는 키토 캐러멜은 잘못하면 분리되기가 쉬운데, 이 밀크캐러멜 레시피는 버터가 들어가지 않아 실패할 걱정이 전혀 없어요. 게다가 노(No) 오븐 레시피라 더욱 편하게 만들 수 있답니다. 한입 먹어보면 키토 메뉴라고 믿을 수 없을 정도로 맛있어서, 진한 초콜릿이나 단것이 당길 때 정말 추천하는 디저트예요.

재료 (6개)

[캐러멜] 생크림 100g, 유당 제거 우유 220g, 액상 알룰로스 40g

[가나슈] 다크초콜릿(99%) 50g, 땅콩버터(또는 아몬드버터) 50g, 무염버터 30g, 생크림 35g, 액상 알룰로스 25g
토핑용 견과류와 카카오가루 약간

[타르트지] 아몬드가루 100g, 액상 알룰로스 25g, 무염버터 35g

캐러멜

1 팬 또는 냄비에 생크림, 우유(100g), 액상 알룰로스를 넣고 잘 섞으며 강불에서 끓인다.

끓어 넘치려고 하면 불을 살짝 줄이면서 잘 저으세요.

2 점점 농도가 진해지며 연한 갈색으로 변하다가 나중에는 된장처럼 되직해지면서 색이 진해진다. 중강불에서 갈색이 될 때까지 잘 젓는다.

3 캐러멜의 갈색이 제대로 나오면 나머지 우유(120g)를 넣고 섞으며 중강불에서 계속 끓인다. 주걱을 들어 올렸을 때 주르륵 흘러내리는 정도가 적당하다.

이 농도보다 조금 묽거나 되직해도 타르트에 사용하기에는 괜찮아요. 완성된 캐러멜 분량은 약 130g 정도 됩니다.

가나슈

1 내열용기에 다크초콜릿, 땅콩버터, 무염버터, 생크림을 넣고 전자레인지에 30초 돌려 골고루 섞는다.

가나슈에 들어가는 재료들은 모두 실온 상태로 사용하세요.

2 초콜릿이 덜 녹았다면 전자레인지에 10초씩 더 돌린다.

너무 오래 데우면 재료가 각각 분리될 수 있으니 뜨거워지지 않게 주의하세요. 초콜릿이 천천히 녹기 때문에 처음에는 잘 섞이지 않지만, 시간을 가지고 잘 저으면 골고루 섞여요.

3 골고루 섞이면 액상 알룰로스를 넣고 잘 섞는다.

KETO POINT

유당 제거 우유를 사용하면 탄수화물 섭취를 더욱 줄일 수 있어요.

타르트지

1 아몬드가루를 팬에 넣고 초반에는 중불에서, 색이 변하기 시작하면 약불에서 밝은 갈색이 될 때까지 골고루 볶는다.

   온도가 오르면 한순간에 타기 쉬우니 불조절에 주의!

2 ❶에 카카오가루와 액상 알룰로스, 전자레인지에 녹인 무염버터를 넣고 골고루 섞는다.

3 3호 타르트팬(지름 20cm)에 반죽을 넣고, 빙 둘러가며 꾹꾹 누른다.

   타르트팬에 완전히 밀착되지 않으면 깨지기 쉬우니 꼭 꼼꼼하게 눌러주세요.

TIP

전자레인지로 버터를 녹일 때는 10초씩 끊어서!

버터는 중탕으로 녹이는 방법도 있지만, 이 책에 소개된 제 레시피들은 버터의 상태가 큰 영향을 끼치지는 않아서 전자레인지로 녹여도 괜찮아요. 버터의 양과 전자레인지 출력 사양에 따라 달라지겠지만, 냉장 상태의 버터는 보통 10~30초 정도 돌려 반죽과 적당히 잘 섞일 정도의 흐르는 액체 상태가 되면 충분해요. 너무 오래 돌리면 전자레인지 내부에 기름이 튀면서 난장판이 되기 때문에, 버터 상태를 확인하며 10초씩 끊어서 돌리는 걸 추천합니다.

캐러멜 가나슈 타르트

1 타르트지 위에 캐러멜을 붓고 평평하게 펴 바른다.//
2 캐러멜이 굳도록 15~30분 정도 냉장 보관한다.//
3 캐러멜이 어느 정도 굳으면 꺼내어, 그 위에 가나슈를 붓고 평평하게 펴 바른다.//
가나슈의 상태에 따라 타르트를 두 가지 방법으로 연출할 수 있어요. 저는 완성된 가나슈를 살짝만 굳혀 거친 질감이 느껴지게 만들었는데, 바로 만들어 굳지 않은 상태로 가나슈를 부으면 매끈하고 평평하게 타르트를 만들 수 있어요.//
4 타르트가 단단해지도록 냉장실에서 다시 30분 이상 굳힌다.//
5 타르트가 완전히 굳으면 타르트팬을 조심스럽게 제거하고, 기호에 따라 견과류나 카카오가루 등을 뿌려 타르트 위를 장식한다.//
만든 캐러멜을 조금 덜어두었다가 타르트 위에 뿌려 장식해도 좋아요. 타르트는 불에 살짝 달군 칼로 썰면 깔끔하게 자를 수 있어요.

앙버터 다쿠아즈

 1시간  냉장 2일

팥앙금 29쪽

아몬드가루가 주재료인 머랭 과자 다쿠아즈입니다. 설탕과 슈거파우더 대신 곱게 간 에리스리톨을 사용하면 어렵지 않게 키토식으로 만들 수 있어요. 에리스리톨은 슈거파우더 정도로 입자가 고와지도록 믹서기에 미리 갈아서 준비하세요. 이 과정이 번거롭다면 고운 입자의 감미료인 스워브를 사용해도 좋아요. 겉은 바삭하고 속은 폭신한 가벼운 식감이 앙버터와 잘 어울려요. 팥의 탄수 함량이 적지는 않지만 무가당 팥앙금을 사용하면 다쿠아즈 한 개 분량의 팥앙금 순탄수는 약 3~4g밖에 되지 않아요. 팥의 탄수화물 함량이 부담스럽다면 팥앙금의 양을 줄이거나 버터크림을 넣어 즐겨보세요. 풍미가 좋은 발효버터를 사용하면 더욱 맛있답니다. 다쿠아즈는 만든 당일에는 바삭한 느낌이 강하고 시간이 지날수록 촉촉하고 부드러워져요.

재료 [8개]

[반죽]
아몬드가루 75g
칡 전분 5g
달걀흰자 140g
곱게 간 에리스리톨 80g(휘핑용)
+ 15g(토핑용)

[필링]
무가당 팥앙금 160g
무염버터 160g

KETO POINT
전분은 소량 들어가기 때문에 칡 전분이 아닌 다른 전분을 사용해도 괜찮아요.

RECIPE

1 아몬드가루와 칡 전분을 골고루 섞어 체에 밭쳐둔다.

2 달걀흰자를 볼에 넣고, 에리스리톨(80g)이 잘 녹을 수 있도록 2~3회에 나누어 넣으며 휘핑해 단단한 머랭을 만든다.

소개한 분량대로 만든 다쿠아즈는 조금 단 편이에요. 머랭 반죽이 익숙해지면 에리스리톨 양을 줄여서 만들어보세요.
거품기를 들어 올렸을 때 짧고 뾰족한 뿔이 생기고 머랭의 윤기가 없어지려고 할 때까지 휘핑하세요.

3 ❶에 머랭의 1/3을 넣어 골고루 섞은 후, 나머지 머랭을 가루가 보이지 않을 정도로만 가볍게 섞는다.

머랭은 꺼지기 쉬우니 지나치게 섞지 않도록 주의하세요.

4 짤주머니에 ❸을 넣고, 유산지 위에 놓은 판에 맞춰 도톰하게 짠 뒤 판을 제거한다.

5 남은 에리스리톨 15g을 ❹ 위에 골고루 뿌린다.

6 175℃로 예열한 오븐에서 고른 황금색이 될 때까지 12~15분간 굽는다.

굽는 도중 색이 너무 진해진다면 중간에 다쿠아즈 위에 유산지를 올리고 구우세요. 식힌 후, 다쿠아즈가 판에서 깔끔하게 떨어진다면 잘 익은 상태입니다.

7 무염버터는 다쿠아즈 시트와 비슷한 크기로 썰어두고, 팥앙금은 20g씩 나눠 둥글게 뭉쳐둔다.

8 충분히 식힌 다쿠아즈 시트에 팥앙금과 버터를 넣으면 완성!

버터가 녹아내리지 않도록 구운 다쿠아즈 시트를 충분히 식힌 뒤에 만드세요. 설탕이 들어가지 않아 금방 겉면이 눅눅해지니 바로 먹지 않을 거라면 냉동 보관하세요.

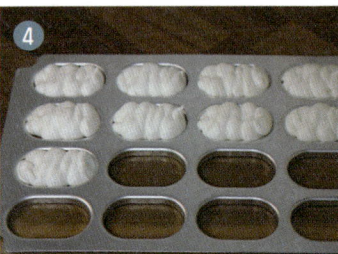

슈크림 라떼

 40분

'슈크림'에 들어가는 커스터드 크림을 활용한 메뉴인 슈크림 라떼는 유명 카페의 인기 있는 시즌 음료입니다. 저도 이 음료를 좋아해서 봄이 되면 치팅데이 때마다 꼭 먹으러 가곤 했는데, 조금만 변형하면 키토식에 적합하게 만들 수 있을 것 같다는 생각에 도전해봤답니다. 레시피는 1잔 분량으로 작성했지만 커스터드 크림은 한 번에 3잔 분량까지 만들 수 있어요. 음료의 당도는 파는 것과 달리 은은한 단맛이 느껴지는 정도입니다. 커스터드 크림은 생크림이 들어가는 디저트에 두루 응용하기에 좋아요. 고소하고 달콤한 슈크림 라떼를 키토식으로 즐겨보세요.

재료 [1인분]

유당 제거 우유 100g
에스프레소 1샷(약 30g)

[커스터드 크림] (3잔 분량)
유당 제거 우유 100g
달걀노른자 1개
에리스리톨(또는 분말 알룰로스) 15g
칡 전분 5g
바닐라 익스트랙 3g 또는 바닐라빈 1/4개
소금 1꼬집

[커스터드 시럽]
커스터드 크림 10g
액상 알룰로스 10g

[커스터드 휘핑크림]
커스터드 크림 20g
생크림 35g
에리스리톨(또는 분말 알룰로스) 5g

커스터드 크림

1. 미지근한 우유에 달걀노른자, 에리스리톨, 칡 전분, 바닐라 익스트랙, 소금을 넣고 잘 섞는다.

   바닐라 익스트랙 대신 바닐라빈을 넣으면 더욱 맛있어요.

2. ❶을 바닥이 두꺼운 냄비에 넣고, 농도가 되직해지고 바닥에서 큰 기포가 여러 개 올라올 때까지 중강불에서 잘 저으며 끓인다.

   뭉치기 쉬우니 계속 저어주세요.

3. 넓은 용기에 담아 윗면을 랩으로 덮어 냉장고에서 식히거나(냉동 15분, 냉장 30분), 얼음을 아래에 받쳐 크림을 골고루 저으며 빠르게 식힌다.

   랩으로 덮을 때는 반드시 크림 윗면과 밀착해 주세요. 사이에 공간이 있으면 수분이 생겨 크림이 쉽게 변질될 수 있어요.

4. 식힌 커스터드 크림을 체에 밭쳐 뭉친 덩어리와 알끈을 제거한다.
5. 완성한 커스터드 크림은 냉장 보관한다.

커스터드 시럽

1 액상 알룰로스에 커스터드 크림을 넣고 골고루 섞는다.
   잘 섞이지 않는다면 전자레인지에 10초간 돌리세요. 더 달콤하게 즐기고 싶다면 알룰로스를 레시피의 2~3배 넣어보세요.

커스터드 휘핑크림

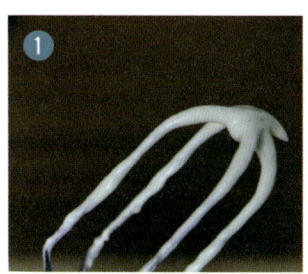

1 생크림에 에리스리톨을 넣고 휘핑한다.
   휘핑 정도는 취향에 맞게! 크림을 봉긋하게 올리고 싶다면 휘핑크림을 들어 올렸을 때 뾰족한 뿔이 생길 때까지 휘핑하세요.

2 ①에 커스터드 크림을 넣고 골고루 섞는다.

슈크림 라떼

1 컵에 커스터드 시럽을 넣고 얼음을 컵의 3/4 정도만큼 넣는다.
2 유당 제거 우유를 넣는다.
3 에스프레소를 넣는다.
   에스프레소가 없다면 물 30g과 인스턴트커피 2g을 섞어서 사용하세요.
4 그 위에 커스터드 휘핑크림을 예쁘게 올리면 완성!
   휘핑크림을 예쁘게 올리고 싶다면 깍지를 끼운 짤주머니를 사용하세요.

키토 베이킹에서 휘핑크림 만들 때는 주의하세요

설탕을 넣지 않는 키토 베이킹에서는 휘핑크림의 안정도가 일반 베이킹보다 떨어져요. 생크림을 너무 과하게 휘핑하면 광택을 잃고 몽글몽글해지다가 버터와 버터밀크로 분리되기도 하고, 너무 단단하게 휘핑하면 파이핑할 때(짤주머니로 짤 때) 모양이 매끄럽게 안 나와요. 그러니 휘핑이 지나치지 않게 주의하면서 만드세요.

시나몬 프로틴 도넛

 5분    냉장 2일

시나몬 슈거를 입힌 폭신한 도넛으로 도시락이나 휴대용 간식으로 활용하기 좋은 간식이에요. 반죽을 섞어 전자레인지에 90초만 돌리면 완성되는 초간단 메뉴랍니다. 프로틴파우더를 넣어 식감이 더욱 폭신하고 부드러우며 지방은 물론 단백질도 함께 챙길 수 있어요. 도넛에 버터나 생크림을 올려 먹어도 맛있어요.
저는 무가당, 무향의 완전한 무첨가 분리 유청 단백의 프로틴파우더를 사용했는데, 만약 단맛이 나는 프로틴파우더를 사용한다면 시나몬 슈거에 들어가는 감미료의 양을 조금 줄이는 게 좋아요.

재료 (6개)

[도넛]
코코넛가루 15g
프로틴파우더(분리 유청 단백) 10g
달걀 1개
액상 알룰로스 25g
생크림 15g
버터 15g
베이킹파우더 2g
시나몬가루 1g
바닐라 익스트랙 1g
소금 1꼬집

[시나몬 슈거]
에리스리톨(또는 분말 알룰로스) 20g
시나몬가루 1g

1 도넛의 모든 재료를 넣고 뭉친 부분이 없도록 골고루 섞는다. 버터는 전자레인지에 녹여서 넣는다.
2 도넛 6구 실리콘몰드에 반죽을 50% 정도만 채우고, 반죽 표면이 평평해지도록 실리콘몰드를 바닥에 살짝 내리친다.
3 ❷를 전자레인지에 1분 30초간 돌린 후, 도넛이 익으면 몰드에서 빼내 식힘망에 올려둔다.
4 에리스리톨에 시나몬가루를 넣고 골고루 섞어 시나몬 슈거를 만든다.
5 도넛이 따뜻할 때 시나몬 슈거를 골고루 묻히면 완성!

말차 롤케이크 1시간 20분　냉장 2일

달콤쌉싸름한 말차 크림을 가득 채운 롤케이크입니다.
생크림이 가득한 부드러운 디저트가 먹고 싶을 때 만들어 먹기 좋은 메뉴예요.
반죽 양이 적어 케이크 시트 크기가 작은 편이라 베이킹 초보자도 어렵지 않게 만들 수 있어요.
반죽할 때 머랭을 치는 과정이 있지만, 베이킹파우더도 따로 들어가기 때문에
웬만하면 반죽이 폭신하게 잘 부풀어 올라요.
말차가루를 코코아가루로 대체하면 초콜릿 롤케이크가 되고, 롤케이크 속에 딸기나 초코칩을 넣어도 맛있어요.
말차가루를 제외하면 일반적인 케이크 시트로도 활용 가능한 다재다능한 레시피랍니다.

재료(2인분)

[말차 크림] 생크림 100g, 에리스리톨 10g, 말차가루 2g

[말차 시트] 달걀 2개, 에리스리톨 25g, 물 또는 유당 제거 우유 20g, 아보카도오일 20g, 코코넛가루 8g, 칡 전분 5g
　　　　　베이킹파우더 2g, 말차가루 2g, 소금 1꼬집

말차 크림

1　생크림에 에리스리톨과 말차가루를 넣고 핸드믹서로 휘핑한다.
　　크림이 묽으면 롤케이크의 모양을 잡기 어렵기 때문에 휘퍼의 자국이 선명하게 보이고
　　단단한 뿔이 올라올 때까지 크림을 최대한 힘있게 휘핑하세요.

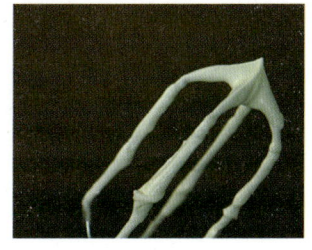

말차 시트

1 오븐 사용 가능한 사각팬(17×22cm)에 유산지를 깐다.
   팬과 유산지 사이에 물이나 기름을 뿌리면 유산지가 팬에 더 잘 달라붙어요.

2 달걀의 노른자와 흰자를 분리한다.

3 볼에 달걀노른자, 우유, 아보카도오일을 넣고 잘 섞는다.

4 ❸에 코코넛가루, 칡 전분, 베이킹파우더, 말차가루, 소금을 넣고 뭉치는 곳이 없도록 골고루 섞는다.

5 새로운 볼에 달걀흰자와 에리스리톨을 넣고 휘핑기로 거품을 내 머랭을 단단하게 만든다.

6 ❸의 반죽에 머랭을 세 번에 나누어 넣으며 거품이 꺼지지 않도록 살살 섞는다.

7 용기에 반죽을 붓고 표면을 평평하게 다듬은 뒤, 170℃로 예열한 오븐에 10~15분간 굽는다.
   시트 양이 많지 않아 타기 쉬우니 중간중간 잘 확인하세요. 윗면의 구움색이 전체적으로 고르게 나고 균일하게 부풀어 오를 때까지 구우세요.

8 구운 케이크 시트를 꺼내 팬을 뒤집은 뒤, 유산지를 제거하고 충분히 식힌다. 케이크 시트가 너무 건조해지지 않도록 온기가 가시면 비닐봉지에 넣거나 랩으로 싸둔다.
   케이크 시트를 완전히 식혀야 크림을 올렸을 때 녹아내리지 않아요.

9 깔끔한 녹색으로 말차 롤케이크를 만들고 싶다면 구움색이 난 윗면을 벗겨낸다.
   제 경험상, 저탄수 케이크 시트는 일반 케이크 시트처럼 유연하지 않아서 구움색 껍질이 잘 깨지는 편이에요. 아예 벗겨내거나 갈색면에 크림을 바르는 게 깔끔해요.

말차 롤케이크

1 유산지 위에 구움색 껍질을 벗긴 말차 시트를 올리고 말차 크림을 전체적으로 얇게 펴 바른다.
2 나머지 말차 크림을 말차 시트의 중간 부분에 두툼하게 올린다.
3 안쪽에 빈 공간이 생기지 않도록 중간의 크림을 감싸는 느낌으로, 반으로 접듯이 시트를 말아 고정한다.
   말차 시트가 일반 롤케이크 시트 크기의 1/6 정도(말았을 때 김밥 크기 정도)로 작아 어렵지 않게 말 수 있어요.
4 크림이 단단하게 고정되도록 냉장실에서 1시간 이상 굳힌다.
5 롤케이크 모양이 어느 정도 고정되면 빵칼로 양쪽 끝을 자르고 먹기 좋은 크기로 썬다.

딸기 트라이플

 30분　냉장 2일

딸기를 좋아하는 사람이라면 누구나 좋아할, 먹음직스러운 생딸기가 가득 올라간 딸기 트라이플입니다.
폭신한 케이크 위에 고소한 커스터드 크림과 생크림 그리고 생딸기까지 함께 즐길 수 있는 디저트예요.
재료만 준비해두면 딸기 생크림 케이크보다 만들기 쉬워 딸기철이 되면 자주 만들어 먹는답니다.
무가당 딸기 콩포트 또는 잼을 활용하면 새빨갛고 윤기가 반짝반짝 흐르는 완성도 높은 딸기 트라이플을 만들 수 있어요.

케이크 시트 96쪽 | 커스터드 크림 91쪽

재료(1~2인분)

저탄수 케이크 시트 150g, 저탄수 커스터드 크림 120g, 무가당 딸기 콩포트 또는 무가당 딸기잼 15g

[**토핑용 딸기**] 딸기 200g, 무가당 딸기 콩포트 또는 무가당 딸기잼 25g

[**시트용 시럽**] 액상 알룰로스 10g, 물 10g

[**휘핑크림**] 생크림 150g, 에리스리톨 또는 분말 알룰로스 15g

토핑용 딸기

1. 깨끗하게 손질한 딸기의 물기를 제거하고, 무가당 딸기잼 또는 건더기를 뺀 무가당 딸기 콩포트를 넣고 살살 섞는다.

    생딸기에 빨간 빛깔의 광택을 더해 더욱 맛있어 보이는 효과가 있어요.

시트용 시럽

1. 액상 알룰로스에 같은 양의 물을 넣고 섞는다.

휘핑크림

1. 생크림에 에리스리톨 또는 분말 알룰로스를 넣고 핸드믹서로 휘핑한다.
2. 핸드믹서 날을 들어 올렸을 때 뭉툭한 뿔이 살짝 생기면서 너무 단단하지는 않을 때까지 휘핑한다. 주걱으로 크림을 쓸어 올렸을 때 형태가 무너지지 않으면 적당하다.

    떠먹는 케이크라 크림이 너무 뻑뻑하면 목넘김이 좋지 않아요.

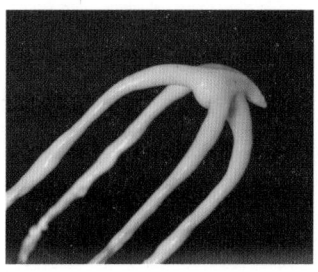

딸기 트라이플

1 케이크 시트를 용기 크기에 맞게 잘라 2장 준비한다.
   제가 사용한 용기 크기는 10×15cm예요. 말차 롤케이크의 저탄수 케이크 시트 레시피에서 말차가루만 제외하고 만들면 됩니다.

2 케이크 시트 한 장을 용기에 넣고 만들어둔 시럽을 붓으로 바른다.

3 케이크 시트 위에 저탄수 커스터드 크림(91쪽)을 평평하게 펴 바른다.

4 휘핑한 생크림을 1/3 정도 올리고 평평하게 펴 바른다.

5 딸기 콩포트의 과육 또는 딸기잼을 골고루 올리고 생크림과 살짝 섞는다.

6 남은 케이크 시트를 올리고 살짝 누른 뒤 다시 시럽을 바른다.

7 휘핑한 생크림을 올리고 평평하게 마무리한다.

8 토핑용 딸기를 가운데에 올리고, 남은 휘핑크림을 짤주머니에 넣어 가장자리를 따라 파이핑 하면 완성! 완성한 딸기 트라이플은 냉장보관한다.
   짤주머니에 반죽을 넣어 짜는 것을 파이핑이라고 해요.

레몬 곤약젤리

 TIME **10분** (굳히는 시간 제외)   냉장 1주

맛있고 포만감을 주는 곤약젤리는 다이어트 간식으로 정말 좋지만, 시판 제품들은 인공감미료와 합성향료 등 온갖 첨가물로 가득하고 제 입맛에는 과하게 달더라고요. 이제 과한 단맛과 첨가물에 대한 걱정 없이 집에서 직접 곤약젤리를 만들어보세요. 본인의 입맛에 맞게 당도를 조절할 수 있어서 점차 감미료를 줄여가며 올바르게 단맛과 멀어지기 위한 간식으로 활용하기에도 좋아요.

씹는 맛이 일품인 쫀득하고 탱글탱글한 곤약젤리와 빨대로도 먹을 수 있는 부드러운 곤약워터젤리의 두 가지 식감을 가진 상큼한 레몬맛 곤약젤리를 소개합니다. 재료는 같고 양에 따라 식감이 달라지는데 워터젤리는 스파우트 파우치에 만들면 시판 제품처럼 쉽게 짜먹는 형태로 즐길 수 있고, 여기에 탄산수를 부으면 색다른 음료인 '젤리소다'로 즐길 수 있어요. 이 레시피는 밀양한천의 '회처럼 먹는 곤약분말' 제품 기준으로 작성되었으니 꼭 해당 제품을 사용하세요.

재료 (4인분)

[쫀득한 곤약젤리]
물 380g, 레몬즙 120g
에리스리톨 60g
회처럼 먹는 곤약분말 10g

[부드러운 곤약워터젤리]
물 390g, 레몬즙 110g
에리스리톨 50g
회처럼 먹는 곤약분말 5g

RECIPE

1. 팬에 물, 레몬즙, 에리스리톨, 곤약분말을 넣고 골고루 잘 섞는다.
   물이 뜨거우면 뭉칠 수 있으니 차갑거나 미지근한 물을 사용하세요.
2. ❶을 중불에서 잘 저으며 끓인다.
3. 끓기 시작하면 불을 줄여 약불에서 1~2분 정도 더 끓인다.
4. 내열용기 또는 틀에 붓고 냉장실에서 1시간(곤약젤리), 3시간(곤약워터젤리) 정도 굳히면 완성!
   다양한 틀에 부어 만들어보세요. 구슬 모양 틀은 보기도 예쁘고 먹기도 좋아요. 한꺼번에 큰 용기에 넣어 굳힌 뒤 먹기 좋은 크기로 썰어도 편리해요.

TIP 과일향 젤리를 만들 수도 있어요!

당 함량이 높은 과일주스 없이도 과일 맛을 풍부하게 느낄 수 있는 곤약젤리를 만들 수 있어요. 물 대신 복숭아, 청포도, 블루베리 등 다양한 과일 가향차를 우려낸 물을 사용하면 됩니다. 히비스커스를 활용하면 붉은색의 젤리를 만들 수 있어요. 이때 레몬즙은 기존 레시피 양 그대로 해도 괜찮고, 취향에 따라 늘리거나 줄여도 좋아요.

크리스마스트리 컵케이크

 60분　냉장 2일

크리스마스 파티 음식으로 딱 좋은 디저트를 소개합니다. 그 주인공은 바로 귀여운 트리가 올려져 있는 초콜릿 컵케이크예요.
초콜릿 컵케이크 위에 코코넛버터와 생크림을 올려 코코넛의 은은한 달콤함과 생크림의 부드러움을 느낄 수 있어요.
일반 케이크에 비해 어렵지 않게 만들 수 있으니 가족과 함께 만들어보세요.
컵케이크 위 모양은 꼭 트리가 아니라 다양한 모양으로 만들어도 좋아요. 생크림 트리 속에 딸기를 넣어도 맛있고요.
트리 모양이 완성되면 다양한 견과류, 베리류, 소량의 스프링클 등으로 꾸며보세요.

재료 [6개]

코코넛버터 60g
곱게 간 에리스리톨 또는 스워브 15g
(토핑용, 생략 가능)

[초콜릿 컵케이크]
코코넛가루 30g
코코아파우더 20g
베이킹파우더 4g
소금 1꼬집
달걀 2개
액상 알룰로스 70g
생크림 30g
바닐라 익스트랙 5g
무염버터 40g

[장식용 크림]
생크림 100g
에리스리톨(또는 분말 알룰로스) 10g
초록색 식용색소(생략 가능)

KETO POINT
코코넛버터는 저탄고지에 적합한 지방 성분이면서, 은은한 코코넛향이 특히 초콜릿 반죽과 잘 어울려요.

초콜릿 컵케이크

1 볼에 코코넛가루, 코코아파우더, 베이킹파우더, 소금을 넣고 골고루 섞는다.
2 실온에 둔 달걀에 액상 알룰로스와 바닐라 익스트랙, 너무 차갑지 않은 생크림을 넣어 섞은 후, ❶의 반죽에 넣고 섞는다.
3 전자레인지에 녹인 버터를 ❷에 넣고 골고루 섞는다.
4 머핀틀에 머핀컵을 끼우고, 반죽을 머핀틀의 70% 정도로 채운다.
5 170℃로 예열한 오븐에 18~25분 정도 굽는다.
   젓가락으로 눌렀을 때 반죽이 묻어나오지 않으면 돼요. 바싹 굽는 것보다 촉촉하게 굽는 것이 더 맛있어요.
6 구운 컵케이크는 식힘망에 올려 완전히 식힌다.

장식용 크림

1 생크림에 에리스리톨(또는 분말 알룰로스)을 넣고, 식용색소를 원하는 색상이 나올 때까지 넣은 후 핸드믹서로 휘핑한다.
   초록색 트리 모양을 낼 게 아니라면 식용색소는 생략 가능.
2 휘핑크림을 들어 올렸을 때 뾰족한 뿔이 생기고 주걱으로 크림을 쓸어 올렸을 때 형태가 유지될 정도로 휘핑한다.
3 별깍지를 끼운 짤주머니에 휘핑크림을 넣어둔다.

크리스마스트리 컵케이크

1 부드러운 상태의 코코넛버터를 준비한다.
2 완전히 식은 컵케이크에 코코넛버터를 각 10g씩 바른 뒤 냉장실에서 15분 정도 굳힌다.
3 코코넛버터가 굳으면 컵케이크 위에 휘핑해둔 장식용 크림을 원뿔 모양으로 파이핑한다.
   전체 모양을 지지할 수 있도록 첫 파이핑은 작게 원뿔 모양 또는 물방울 모양으로 짜주세요.
4 원뿔 모양 크림 주위를 빙 둘러가며 같은 모양으로 크림을 파이핑한다.
5 ❹의 위로도 같은 방법으로 파이핑한다.
6 꼭대기는 뾰족하게 마무리해 트리 모양으로 만든다.
7 완성한 컵케이크의 트리에 곱게 간 에리스리톨(토핑용)을 뿌리거나, 각자 취향에 맞게 꾸미면 완성!

커스터드푸딩

 2시간
(굳히는 시간 제외)

냉장 2일
냉장 1주(수비드 진공 조리 시)

캐러멜푸딩, 크림캐러멜 등으로 불리는 커스터드푸딩은 탱글탱글하면서 입에 넣으면 부드럽게 사라지는 맛있는 디저트예요.
커스터드푸딩과 정말 잘 어울리는 달콤쌉싸름한 캐러멜시럽도 빼놓을 수 없죠.
저는 한때 이 푸딩의 매력에 푹 빠져서 자주 만들어 먹곤 했는데요, 매번 레시피를 조금씩 수정한 끝에
저의 취향에 맞는 최적의 비율을 찾을 수 있었답니다. 푸딩을 사진처럼 흐트러짐 없이 매끈한 모양으로 용기에서 빼내려면,
푸딩 레시피의 비율도 중요하지만 캐러멜시럽의 농도도 매우 중요해요. 레시피의 팁을 참고해 시럽의 농도를 쉽게 맞춰보세요.
만약 집에 수비드 머신이 있다면 더욱 완벽한 질감의 커스터드푸딩을 편리하게 만들 수 있답니다.

재료 [5~7개]

[푸딩]
달걀 3개
액상 알룰로스 50g
소금 1g
바닐라 익스트랙 5g
유당 제거 우유 250g
생크림 200g

[캐러멜시럽]
액상 알룰로스 100g
물 적당량

푸딩

1   그릇에 달걀을 푼 뒤 액상 알룰로스, 소금, 바닐라 익스트랙을 넣고 섞는다.
    바닐라 익스트랙 대신 바닐라빈을 넣으면 더 맛있어요.
2   우유와 생크림을 넣고 70℃ 정도까지 끓인다.
3   ❶에 ❷를 천천히 넣으며 달걀이 익지 않도록 휘퍼로 빠르게 젓는다.
4   ❸을 체에 밭쳐 내리는 과정을 2번 반복한다.
    뭉친 덩어리와 알끈을 제거하여 더욱 부드러운 푸딩을 만들 수 있어요.

캐러멜시럽

1   팬에 액상 알룰로스를 넣고 중강불에서 끓인다.
2   진한 갈색이 될 때까지 잘 저으며 끓인다. 색이 진해질수록 쌉싸름한 맛이 강해진다.
3   시럽의 농도와 색이 원하는 정도까지 도달하면 불을 끈다.
    시럽 농도가 마음에 안 든다면 5~20g의 물을 첨가하거나 약불에서 더 졸여 농도를 맞추세요.

Tip

시럽 농도 조절하는 법

팬의 종류와 불의 세기에 따라 시럽 농도가 달라지기 때문에 직접 농도를 조절해야 해요. 차가운 물을 담은 컵에 시럽을 한 방울 떨어뜨리자마자 시럽이 물속으로 퍼져 사라진다면 시럽이 너무 묽은 것이고 시럽이 바로 굳어버린다면 너무 진한 거예요. 적당한 시럽 농도는 시럽이 실 같은 형태를 유지하며 떨어지다가 바닥에 가라앉을 때 은은하게 퍼지며 바닥에 깔리는 정도랍니다.

커스터드푸딩

1   캐러멜시럽을 내열 푸딩 용기 바닥에 전체적으로 깔릴 만큼 넣는다.

    캐러멜시럽을 넣지 않고 푸딩만 넣어 익혔다가, 푸딩을 먹을 때 시럽을 올려 먹어도 좋아요. 내열 푸딩 용기는 바닥 폭과 입구 폭이 동일하면서 주먹 정도 크기가 적당해요.

2   푸딩 반죽을 ❶에 붓고 뚜껑을 닫는다.

3-1 [수비드 버전] 80℃로 설정한 수비드 머신에 푸딩 용기를 넣고 1시간 동안 조리한다.

    완전히 밀봉하여 수비드 머신으로 익힌 커스터드푸딩은 개봉하지 않으면 일주일 이상 냉장 보관 가능해요. 찜기 버전보다는 수비드 버전이 좀 더 부드러우면서 쫀쫀한 질감이에요.

3-2 [찜기 버전] 끓어오르는 찜기에 푸딩 용기를 넣고 찜기 물의 기포가 올라오지 않을 정도로 불을 가장 약하게 하여 찐다. 푸딩을 흔들었을 때, 윗부분이 크게 움직이지 않는다면 다 익은 것이다.

    약불로 오래(20~40분) 쪄야 매끈하고 탱글탱글한 푸딩을 만들 수 있어요. 불세기를 제대로 조절하지 못하면 달걀찜 질감이 되거나 기포가 많이 생겨 울퉁불퉁해질 수도 있으니 주의하세요.

4   푸딩 용기를 차가운 물에 넣어 온기가 없을 때까지 식힌 후 냉장실에 넣는다.

5   냉장실에서 3시간 이상 굳히면 완성!

수비드 버전

찜기 버전

TIP 좀 더 예쁘고 맛있게 푸딩 먹는 법

1   완성 사진처럼 푸딩을 접시에 꺼낼 때, 냉장고에서 꺼낸 푸딩 용기의 밑부분을 따뜻한 물에 잠깐 담가 굳은 시럽을 살짝 녹여요. 그 후 병 속의 푸딩 가장자리를 칼로 한 바퀴 살짝 그어준 뒤 병 입구 위에 접시를 덮고 그대로 뒤집으면 예쁘게 푸딩을 꺼낼 수 있어요.

2   시럽 없이 푸딩을 만든 뒤, 분말 알룰로스를 위에 뿌리고 토치로 구우면 크렘 브륄레로 즐길 수 있어요.

구워 먹는 마시멜로

 30분 (굳히는 시간 제외)　　**냉장 1주**

폭신한 식감이 그대로 살아있는, 설탕과 물엿 없이 만든 저탄수 마시멜로입니다. 저는 마시멜로를 구워 먹는 것을 정말 좋아하는데요, 키토식으로 구운 마시멜로를 즐기기 위해 끊임없는 시행착오 끝에 탄생한 레시피랍니다. 마시멜로의 기본 재료는 설탕 또는 시럽과 젤라틴이라 키토식 버전으로 어렵지 않게 만들 수 있지만, 구워 먹을 수 있는 마시멜로를 만드는 건 생각보다 쉽지 않아요. 설탕 고유의 특성이 키토식에서 허용하는 감미료에는 없는 경우가 많기 때문이죠. 이 레시피대로 만들면 열을 가해도 흘러내리지 않고 먹음직스럽게 구워지는 부드러운 마시멜로를 만들 수 있어요.

재료

아보카도오일 5g
판젤라틴 12g(6장)
액상 알룰로스 120g
잔탄검 1/2tsp
바닐라 익스트랙 1tsp
칡 전분 20g

RECIPE

1. 사각틀에 알루미늄 포일을 매끈하게 깔고, 마시멜로를 완성 후 꺼내기 쉽도록 아보카도오일을 골고루 바른다.

2. 얼음물에 판젤라틴을 넣고 충분히 불린 뒤 꽉 짜서 물기를 제거한다. 불린 판젤라틴을 전자레인지에 10초간 돌려 녹은 상태로 준비해둔다.
   판젤라틴은 불리기 전에는 빠닥빠닥한 종이 같은데, 물에 불리면 말랑말랑해져요.

3. 액상 알룰로스를 팬에 넣고 중불로 끓이다가 전체적으로 바글바글 끓으면 불을 끈다.
   이때 온도는 약 105~110℃예요. 에리스리톨은 캐러멜화 반응과 마이야르 반응(조리 과정 중 갈색으로 변하며 특별한 풍미가 나타나는 현상)이 일어나지 않는 감미료예요. 그러니 마시멜로를 구워 먹으려면 꼭 알룰로스를 사용하세요.

4. 물에 불린 젤라틴과 잔탄검, 바닐라 익스트랙을 볼에 넣고 끓인 알룰로스를 빠르게 붓는다.
   마시멜로를 구워 먹지 않을 거라면 잔탄검은 생략 가능. 잔탄검은 조금만 양이 달라도 결과물에 차이가 나니, 가급적 계량스푼을 사용해 정확하게 넣으세요.

5. 핸드믹서를 고속으로 돌려 반죽이 불투명한 하얀색이 될 때까지 충분히 휘핑한다.
   휘핑을 계속할수록 점도가 높아져서 휘핑이 쉽지 않으므로 고속으로 휘핑해요. 그렇다고 휘핑이 부족하면 폭신함과 부드러움이 부족할 수 있으니 주의!

6. 휘핑한 마시멜로 반죽을 사각틀에 붓는다.
   반죽을 단단하게 휘핑한 뒤 둥근 깍지의 짤주머니에 넣고 파이핑해서 굳힌 다음 자르면, 마시멜로를 익숙한 가래떡(원통) 모양으로도 만들 수 있어요.

7. 마시멜로 반죽 위에 칡 전분을 살짝 뿌리고 잘 밀봉해 냉장실에서 최소한 반나절 이상 굳힌다.

8. 쟁반에 칡 전분을 뿌린 뒤 굳은 마시멜로를 꺼내 쟁반 위에 올린다.

9. 마시멜로가 끈적이지 않도록 전분을 전체적으로 골고루 바른다.

10. 마시멜로를 먹기 좋은 크기로 자른 후, 다시 전분을 모든 면에 골고루 묻힌다.

11. 체에 마시멜로를 넣고 흔들어 불필요한 전분을 털어낸 뒤 냉장 보관하면 완성!
    완성한 마시멜로는 조금 부드러운 식감이에요. 밀폐용기에 담아 냉장실에 2~3일 둔 뒤에 먹으면 더욱 쫀득한 마시멜로를 맛볼 수 있어요.

KETO POINT

전분은 마시멜로가 끈적이지 않게 하기 위해 사용해요. 마지막 단계에서 대부분 털어내기 때문에 과하게 첨가하지는 않지만, 전분의 탄수화물이 부담스럽다면 전분과 곱게 간 에리스리톨 또는 스워브를 1:1로 섞어서 사용하세요.

스모어

 1시간 20분

더 달라는 뜻의 '섬모어(some more)'에서 유래한 이름 스모어(s'more)는 크래커 사이에 초콜릿과 구운 마시멜로를 샌드해서 먹는 캠핑 간식이에요. 이름처럼 더 달라고 할 정도로 정말 맛있답니다. 키토 마시멜로와 다크초콜릿, 그리고 크래커만 있으면 쉽게 만들 수 있어요.
스모어는 보통 통밀 크래커로 만들기 때문에 밀기울을 조금 넣어 통밀 크래커의 느낌을 살려보았어요. 얇게 만들수록 더욱 바삭한 크래커가 완성돼요. 바삭하고 담백한 크래커와 녹진하게 녹아든 쌉싸름한 초콜릿, 여기에 '겉바속쫀'의 불향 가득한 마시멜로까지! 조합이 정말 환상적이에요.
스모어는 미리 만들어두면 맛이 없어요. 만들어서 바로 먹는 것을 추천합니다.

마시멜로 108쪽

재료 (10개)

키토 마시멜로 120g
다크초콜릿 120g

[크래커]

아몬드가루 105g
곱게 간 에리스리톨(또는 스워브) 32g
밀기울 2g
시나몬가루 1/4tsp
잔탄검 1/4tsp
베이킹파우더 1g
베이킹소다 1g
소금 1꼬집
달걀 1/2개
무염버터 25g

크래커

1 달걀과 무염버터를 제외한 가루 재료를 모두 넣고 골고루 섞는다.
2 ❶에 달걀과 전자레인지에 녹인 무염버터를 넣고 잘 섞는다.
3 ❷의 반죽을 한 덩어리로 뭉쳐 유산지 위에 올린다.
4 그 위에 또 다른 유산지를 올리고 밀방망이로 반죽을 평평하게, 최대한 얇고 고르게 민다.

반죽의 두께는 2mm로 얇게 만들어야 바삭해요.

5 얇게 민 반죽을 스크래퍼 또는 피자 자르는 칼로 먹기 좋게 자른다.
6 반죽이 들뜨지 않고 잘 익도록 중간중간 포크로 구멍을 낸다.
7 160℃로 예열한 오븐에 반죽을 넣고 15~25분간 굽는다.

반죽의 두께나 오븐의 종류에 따라 익는 시간에 차이가 있을 수 있어요. 수분을 완전히 날린다는 느낌으로 구워야 식감이 바삭해져요. 만약 탈 것 같다면 오븐 온도를 낮춰 바싹 구우세요.

8 구운 크래커는 딱딱함이 느껴질 때까지 완전히 식힌 뒤, 팬에서 옮긴다.

반죽의 에리스리톨이 완전히 굳어야 바삭함을 느낄 수 있어요. 완성한 크래커는 밀봉하여 냉동 보관하면 더 바삭하게 오래 즐길 수 있어요.

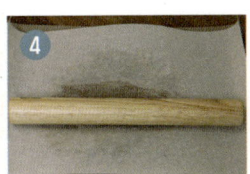

스모어

1 크래커 위에 살짝 녹인 다크초콜릿을 올리고, 그 위에 구운 마시멜로, 그 위에 크래커를 올린 뒤 꾹 누르면 완성!

KETO POINT

제 입맛에는 카카오 함량이 70% 정도의 다크초콜릿이 스모어와 잘 어울렸어요. 다크초콜릿이 너무 써서 먹기 힘들다면, 스테비아나 에리스리톨 등 키토제닉에서 허용하는 감미료로 당도를 맞춘 초콜릿을 사용하세요.

코코넛 레몬바

1시간　냉장 2일

레몬의 상큼함을 가득 느낄 수 있는 디저트입니다. 상큼하고 부드러운 레몬커드가 고소한 코코넛과 생각보다 어울리는 메뉴예요. 노(No) 오븐 레시피라서 무더운 여름에 가볍게 해 먹기 딱 좋아요. 살짝 얼려서 먹으면 더욱 시원하고 상큼해서 더욱 맛있답니다. 깊이가 깊은 타르트 틀에 만들면 레몬커드 타르트로도 즐길 수 있어요. 레몬처럼 신맛을 좋아하는 분들에게 정말 추천하는 메뉴예요. 맛이 조금 신 편이니 신것을 잘 먹지 못한다면 레몬즙 양을 줄여서 만들어 보세요.

재료 [4조각]

[레몬커드] 판젤라틴 4g(2장), 달걀 4개, 레몬즙 100g, 에리스리톨 90g, 소금 1꼬집, 무염버터 120g, 레몬제스트 5g

[크러스트] 코코넛가루 100g, 분말 알룰로스 15g, 무염버터 30g

레몬커드

1 판젤라틴을 얼음물에 넣어 불린 후 물기를 짜서 준비한다.
2 볼에 달걀을 푼 뒤 레몬즙, 에리스리톨, 소금을 넣고 잘 섞는다.
3 ❷와 물에 불린 판젤라틴을 냄비에 넣고 골고루 저으며 농도가 되직해지고 살짝 끓어오를 때까지 약불에서 끓인다.
   가장자리가 타거나 빠르게 젓기 힘들 경우에는 볼에 반죽을 넣어 중탕하세요.
4 ❸을 체에 밭쳐 덩어리진 부분을 제거한다.
5 ❹에 무염버터와 레몬제스트를 넣고 골고루 섞는다.

크러스트

1 팬에 코코넛가루를 넣고 연한 갈색이 될 때까지 중불에서 볶는다.
   일정 온도부터 색이 빠르게 진해지며 타기 쉬우므로 주의!
2 잘 볶은 코코넛가루에 녹인 무염버터와 알룰로스를 넣고 섞는다.
3 사각팬에 유산지를 깔고 ❷를 넣어 꾹꾹 누르며 평평하게 편다.
   저는 정사각팬 2호(16.5X16.5cm)를 사용했어요.

코코넛 레몬바

1 사각팬에 깔아둔 크러스트에 레몬커드를 붓는다.
2 표면을 고르게 다듬은 뒤 냉장실에 넣어 2시간 이상 굳힌다.
3 완성한 레몬바를 먹기 좋은 크기로 썰면 완성!
   완성 사진은 4등분했을 때 1조각 모습입니다.

키토 디자인랩

저탄수 ||||| 중단백 ||||| 고지방 |||||

카페 ID: (구)아내의키토식 | 남편 39살, 아내 33살 | 키토식 5년차 | 남편 13kg 감량, 아내 10kg 감량
키토 애정템 TOP 3: 아몬드가루, 코코넛가루, 차전자피가루
챙겨 먹는 영양제: 남편_멀티비타민, 마그네슘 / 아내_비타민, 마그네슘, 포타슘, 비타민D, 프로바이오틱

📷 keto_design_lab   blog finkysky

Q. 키토식을 시작한 계기는?

✦ 2019년 말 건강검진을 했는데 공복혈당이 120에 경도 비만(키 182cm, 몸무게 85kg)으로 나왔습니다. 아내는 간수치가 안 좋았고 탈모도 있었어요. 이때 키토제닉이라는 새로운 식습관을 알게 되었고 밑져야 본전이라는 생각으로 탄수화물과 설탕을 끊어보았습니다.
아내는 원래도 요리를 즐겼기에 키토식에 맞는 다양한 식재료와 조리법을 재밌게 배우며 연구했고, 코로나 덕분에 외식도 힘들어져 집에서 자주 요리하면서 키토식을 더 발전시킬 수 있었어요.

Q. 키토식의 힘든 점은?

✦ 평소에는 도시락을 싸가지고 다녀요. 그래도 회사생활을 하다 보면 회식이나 약속으로 일반 식당에 가야 할 때가 생기는데, 선택의 폭이 좁아서 힘들어요. 어쩔 수 없이 외식 또는 회식을 할 때는 최대한 고기류만 집중해서 먹습니다. 그리고 국내에 없는 키토 베이킹 재료와 키토 조미료를 해외 직구로 구하다 보니 식재료 비용이 일반식보다는 더 들어요. 하지만 반대로 외식이나 배달음식을 안 먹으니까 돈이 절약되는 측면도 있죠.

Q. 직접 체험한 키토식의 장점은?

✦ **남편** | 85kg이던 몸무게가 현재 72kg으로 줄었고 체지방과 혈당 수치도 좋아져, 건강한 다이어트를 하게 되었습니다. 피부 트러블도 줄었고 아침에 일어나면 몸이 훨씬 가벼워요. 붓기도 덜하고요.

✦ **아내** | 키토식을 하기 전에 탈모가 고민이었는데, 탈모가 확실히 줄었고 머리카락의 윤기 또한 살아났어요. 몸무게도 약 10kg 감량했고요. 저탄고지를 하면서 '탈모'가 고민인 여자분들이 많은데, 좋은 단백질과 좋은 지방을 섭취하고, 이전보다 영양제도 제대로 챙겨 먹고, 직접 요리하면서 MSG 섭취가 현저히 줄어드는 등 라이프스타일이 개선됐기 때문에 탈모 현상도 좋아졌다고 생각해요.('탈모' 관련해서는 개인적인 편차가 있다고 생각합니다).

"대학원 연구실에서 만난 저희 부부,
키토 요리 연구에도 진심입니다!
아내가 만드는 특색 있는 중식과 베이킹 키토 메뉴를
더 많은 분에게 알려드리고 싶어요!"

Q. 키토 초보자에게 추천하는 식재료나 요리도구는?

✦ 설탕 대신 사용가능한 천연감미료(알룰로스, 몽크푸르트, 에리스리톨 등)와 간장, 케첩 등도 무설탕 키토제품을 추천해요.
그러나 키토식 초기에는 설탕 대체 감미료를 당분간 사용하지 않기를 권해요. 제 경험으로는 단맛을 극단적으로 끊지 않으면 계속 찾게 되더라고요. 초기에는 감미료를 사용하지 않는 고기나 샐러드 등을 주로 먹다가, 이후에 설탕 대체 감미료를 조금씩 늘리니 키토식이 더 재밌어졌어요.
오일도 건강한 것으로 바꾸세요. 염증과 비만을 가져오는 오메가6 성분이 많은 포도씨유나 옥수수유 대신 오메가3 성분 함량이 높은 아보카도오일이나 올리브오일을 사용하세요. 저희는 아보카도오일을 주로 사용해요.
이 밖에 베이킹을 좋아한다면 아몬드가루와 코코넛가루, 차전자피가루가 필요해요.

Q. 나만의 키토식 룰은?

✦ 식재료를 살 때, 항상 '성분표'와 '원재료명 및 함량표'를 살펴보고 구매해요. 특히 '당질 0%'라는 표현에 낚이지 않으려고 탄수화물 성분표를 꼼꼼하게 봐요. 탄수화물은 단당류(설탕, 액상과당 등), 다당류(밥, 국수, 빵 등 전분), 식이섬유, 당알코올(에리스리톨, 자일리톨과 같은 대체 감미료)로 나눌 수 있는데, 성분표의 탄수화물 총량에서 식이섬유와 당알코올을 빼고 용량이 적은 걸로 골라요. 만약 식이섬유와 당알코올 함량 표기가 없다면 당류를 제외한 나머지 탄수화물은 다당류일 확률이 높답니다.
성분표를 꼼꼼하게 보는 게 귀찮다면 '원재료명'을 보고 제일 앞줄에 적힌 재료들로 판단하면 됩니다. 설탕이나 전분 등이 제일 앞줄에 있다면 그 제품은 피해야겠죠?

Q. '안 사도 돼요!' 하는 아이템은?

✦ 키토식 초기에는 방탄커피 기성품을 마셨는데, 집에서 좋은 버터와 바로 내린 에스프레소로 만들어 마셔보니 가성비는 물론 맛과 포만감도 만족스러웠어요. 집에서 커피를 직접 내릴 수 있다면, 신선한 홈메이드 방탄커피를 즐겨보세요.

상하이 탕수갈비

 1시간

탕수육은 저희 부부가 정말 좋아하는 메뉴예요. 탕수육을 한자로 적으면 '탕초육'인데, 여기서 탕은 설탕, 초는 식초, 육은 고기를 뜻해요. 탕수육의 두툼한 밀가루 튀김옷은 피하면서 탕초육의 새콤달콤한 맛을 갈비찜으로 재해석한 탕초갈비, 즉 '탕수갈비'를 소개합니다. 중식당에서도 이 메뉴를 팔지만 가격 대비 양이 적고 전분과 설탕이 꽤 많이 들어가니,
직접 클린하게 한번 만들어보세요. 탄수인 친구나 지인을 초대해 근사한 홈파티 음식으로 같이 즐기기에 제격이랍니다.

재료 (2인분)

- 찜용 돼지갈비 600g
- 요리술(또는 소주) 1숟가락
- 간장 2숟가락
- 중국 식초 3숟가락
- 분말 알룰로스 4숟가락
- 따뜻한 물 300ml

RECIPE

1. 먹기 좋은 크기로 자른 돼지고기를 달군 팬에 넣고 기름이 배어 나올 때까지 중불에서 굽는다.

2. 에 요리술, 간장, 중국 식초(2숟가락), 분말 알룰로스를 넣고, 따뜻한 물을 고기가 잠길 만큼 부은 뒤 뚜껑을 닫고 약불에서 40분간 끓인다.

   각자 입맛에 따라 스위트너와 중국 식초로 소스 맛을 조절하세요.

3. 뚜껑을 열고 소스가 어느 정도 졸아들 때까지 강불에서 끓인 후, 중국 식초(1숟가락)를 넣고 조금 더 볶는다.

4. 소스가 자작하게 남을 때까지 볶으면 완성!

   좋아하는 채소를 추가해도 좋아요. 피망이나 양파 같은 채소를 따로 볶은 후 섞어주세요.

TIP 이왕이면 자연 발효식초를 사용하세요

우리가 음식에 사용하는 식초는 과일이나 곡물을 발효해서 만들어요. 마트에서 흔히 살 수 있는 식초는 대부분 '주정'이나 '주요'로 불리는 에탄올을 넣어 속성으로 발효한 '주정 발효식초'예요. 몸에 해로운 건 아니지만 식초의 영양성분은 거의 없어요.

과일이나 곡물 외에 다른 성분을 추가하지 않고 오랜 시간 자연적으로 발효된 자연 발효식초는 영양가 및 향이 더 좋답니다. 제품의 성분 분석표에서 '주정'이나 '주요'를 확인하면 구별할 수 있죠. 일반적인 우리나라 식초는 중국 식초보다 특유의 달콤하고 상큼한 맛이 약해요. 중국 식초는 대부분 주정을 쓰지 않고 곡물로 발효하는데, 저는 중국 식초 중 쌀식초(미추)를 추천해요.

키토 꿔바로우

 1시간

쫀득한 튀김옷과 부드럽고 쫄깃한 고기 맛이 일품인 찹쌀 꿔바로우.

쫀득한 튀김옷이 녹말가루로 만든 거라 키토식에서는 피해야 할 요리 중 하나죠.

하지만 잔탄검과 밀 글루텐을 이용하면 녹말가루 없이도 쫄깃한 식감을 낼 수 있답니다.

잔탄검은 식품의 접착성 및 점도를 높이는 혼합물로 저칼로리 식품에 많이 이용되는 재료예요.

재료 [2인분]

- 돼지 안심 400g
- 파프리카 1/2개(80g)
- 피망 1/2개(80g)
- 양파 1/2개(80g)
- 당근 1/2개(80g)
- 마늘 5톨
- 오일(2~3컵)

[소스]
- 잔탄검 2g
- 분말 알룰로스 1/2숟가락
- 물 1/2컵
- 간장 1숟가락
- 식초 2숟가락
- 무설탕 토마토소스 1숟가락

[반죽]
- 달걀 2개
- 밀 글루텐 2숟가락
- 분말 알룰로스 1/2숟가락

내돈내산 추천제품
- 잔탄검(나우푸드)

RECIPE

1. 돼지 안심은 1cm 두께로 넓게 자른다. 마늘은 편으로 썰고 나머지 채소는 깨끗이 씻은 뒤 먹기 좋은 크기로 자른다.

2. 그릇에 분말 알룰로스(1/2숟가락)와 잔탄검을 넣고 섞은 후, 물을 부으면서 골고루 섞는다.

   > 물에 전분을 바로 넣으면 뭉치는 것처럼 잔탄검도 물과 닿으면 걸쭉하게 뭉치는 성질이 있으므로 꼭 다른 가루와 먼저 섞은 다음에 물을 부으세요.

3. ❷에 간장, 식초, 토마토소스를 넣고 잘 섞어 소스를 완성한다.

4. 볼에 달걀을 풀어 돼지 안심을 푹 담가두고, 다른 그릇에 밀 글루텐과 분말 알룰로스(1/2숟가락)를 잘 섞어둔다.

5. 달걀물을 묻힌 안심에 ❹의 가루를 묻힌다.

6. 뜨겁게 달군 팬에 오일을 충분히 두른 후, ❺를 연한 노란색이 될 때까지 중불에서 약 3분간 1차로 튀긴 다음 꺼내서 약 10분간 식힌다.

7. 식힌 안심을 노릇해질 때까지 강불에서 약 2분간 한 번 더 튀긴다.

8. 다른 팬에 오일을 두른 뒤 ❶에서 잘라둔 채소를 넣고 강불에서 3분간 볶는다.

9. ❽의 채소에 튀긴 안심과 소스를 넣고, 소스를 묻히는 느낌으로 강불에서 1분간 볶으면 완성!

KETO POINT

쫀득한 튀김옷과 같은 효과를 내기 위해 밀 글루텐을 사용하고, 소스의 점성을 살리기 위해 잔탄검을 사용했어요.

홍샤오로우 ⏱ 1시간
(간장 양념 오겹살 조림)

홍소육(紅燒肉), 즉 홍샤오로우는 오겹살을 간장 양념에 졸인 음식이에요. 대중적인 동파육과 달리 고급 중식당에서나 맛볼 수 있는 요리죠. 여러 가지 향신료와 큼지막한 고기로 제대로 된 중화요리의 맛을 느낄 수 있답니다.
홍샤오로우의 핵심은 살코기가 아니라 껍데기(지방) 부분의 쫄깃함이에요. 돼지 껍데기 부분이 반드시 있어야 쫄깃하고 탱탱한 식감을 낼 수 있어요. 만드는 데 시간이 소요되는 음식이지만, 그만큼 훌륭한 맛과 재미있는 식감을 보장해요.

재료(2인분)

통오겹살 600g, 분말 알룰로스 60g, 오일 10ml, 대파 1개, 다진 생강 10g, 팔각 1개, 월계수잎 2장, 말린 고추 1개(생략 가능) 간장 4숟가락, 요리술 2숟가락, 따뜻한 물 200~300ml, 소금 약간

1. 통오겹살을 5×5cm 정도 크기로 큼지막하게 자른다.
2. 팬에 오일을 두르고 약불에서 데운 후, 캐러멜라이징 효과를 내기 위해 분말 알룰로스를 넣고 연기가 날 정도로 태운다는 느낌으로 젓는다.
    스위트너가 없다면 버터를 태워 캐러멜처럼 사용하세요. 오일은 아보카도오일 또는 코코넛오일을 추천!
3. 자른 오겹살을 ❷에 넣고 중불에서 약 3분간 골고루 볶는다.

4. 고기 겉면이 익으면 미리 썰어둔 대파, 다진 생강, 팔각, 월계수잎, 말린 고추를 넣고 같이 볶는다.
    팔각은 중화요리에서 많이 사용하는 향신료로, 고기 잡내를 탁월하게 잡아줘요.
5. 간장과 요리술을 넣은 다음, 오겹살을 살짝 덮을 정도로 따뜻한 물을 붓고 중불에서 끓인다.
    찬물을 넣으면 고기가 딱딱해져요. 반드시 따뜻한 물을 사용하세요.

6. 물이 끓으면 뚜껑을 닫고 약불에서 30분간 더 끓인다.
    부드러운 식감을 좋아한다면 물을 2배(400~600ml)로 넣고 한 시간 정도 푹 끓이세요. 그러면 동파육처럼 돼요.
7. 양념이 졸아붙을 때까지 강불에서 볶는다. 맛을 보며 소금으로 간을 조절한다. 짜다면 졸이지 말고 국물이 자작할 때 꺼내도 된다.
8. 청경채 등 다양한 채소와 함께 플레이팅하면 완성!

췌이피샤오로우
(바삭한 통삼겹 바비큐)

2시간 (숙성 제외)

단면만 보면 우리나라의 수육과 비슷해 보이지만 맛과 식감이 전혀 다른 중화권 대표 요리입니다. '췌이'는 '바삭한', '피'는 '껍데기', '샤오로우'는 '돼지고기'라는 뜻인데, 돼지 껍데기 부분은 짭조름하면서 누룽지처럼 바삭하고, 살코기 부분은 쫄깃해요. 이 요리는 무엇보다 돼지 껍데기 부분을 바삭하게 만드는 것이 중요해요. 껍데기가 바삭하지 않거나 껍데기 부분이 없다면 그냥 수육이에요. 껍질을 바삭하게 만들려면 오븐에서 부풀리는 게 포인트인데, 사전준비만 꼼꼼히 잘하면 어렵지 않아요. 유명 중식당에서 8~10조각에 4만~5만원씩 하는 고급 요리인데, 사먹는 가격의 반도 안 되는 재료비로 호화로운 중식을 즐겨보세요.

재료 [2인분]

통오겹살 600g(약 15×15cm)
요리술 3숟가락, 파 1줄, 생강 3조각(10g)
팔각 1개, 산초 1숟가락, 식초 1컵
굵은소금 1컵, 식소다 1숟가락

[소스]
요리술 1숟가락, 간장 1숟가락
오향가루 1숟가락, 분말 알룰로스 1숟가락
소금 1/2숟가락

TIP 두께 있는 고기 요리에는 연육기가 편리해요

레시피에서는 쉽게 구할 수 있는 포크나 이쑤시개 사용으로 소개했지만, 연육침 같은 도구가 있으면 좀 더 편리하게 작업할 수 있어요.

RECIPE

1. 넓은 냄비에 통오겹살이 잠길 정도로 물을 붓고, 요리술(3숟가락), 파, 생강, 팔각, 산초를 넣고 중불에서 20분간 끓인다.
2. 통삼겹살을 물에서 건져 식히고 물기를 제거한다.
3. 껍데기 표면에 포크 또는 뾰족한 이쑤시개 등을 사용해 전체적으로 구멍을 많이 뚫는다. 이때 살코기에는 닿지 않도록 껍데기 두께만큼만 뚫는다.

   껍데기를 찌를 때 사정없이 많이 찔러서 틈을 많이 만들어야 더 바삭해져요. 저는 집에 연육침이 있어서 사용했어요.

4. 뒤집어서 살코기 부분만 5cm 간격으로 칼집을 낸다. 이때 칼집이 껍데기 부분까지 내려가지 않게 주의한다.
5. 그릇에 오향가루, 분말 알룰로스, 소금, 요리술(1숟가락), 간장을 섞어서 소스를 만든다.
6. 오목한 그릇에 통오겹살을 껍데기 부분이 아래로 가게 담고, 껍데기 부분만 잠길 정도로 식초를 부어 10분 동안 둔다.
7. 10분 후 식초는 버리고, 살코기 부분에 ❺에서 만든 소스를 구석구석 바른다.

   이때 껍데기에 소스가 묻지 않도록 주의!

8. 다시 뒤집어서 껍데기 부분을 제외한 바닥과 옆면을 랩으로 감싼 뒤 냉장실에서 8시간 이상 숙성한다.
9. 냉장실에서 꺼내 껍데기 부분에만 전체적으로 식초를 바르고 식소다를 뿌린다.
10. 고기를 넣을 수 있게 박스 모양으로 포일을 만들고, 여기에 랩을 벗긴 통오겹살을 껍데기가 위로 오도록 담은 뒤 그 위에 굵은소금을 두껍게 덮는다.

    이때 포일의 모양을 유지하기 위해 이쑤시개를 꽂아도 괜찮아요.

11. 180°C로 예열한 오븐에 40분간 1차로 굽는다.
12. 오븐에서 꺼내 소금과 포일을 제거한다.
13. 껍데기 부분에 다시 식초를 바르고 오븐에서 200°C로 30분간 2차로 굽는다.

    껍데기가 보글보글 부풀면서 커지는 모습을 볼 수 있도록 내부가 보이는 오븐이 좋아요.

14. 완성된 통오겹살을 꺼내서 예쁘게 자르면 완성!

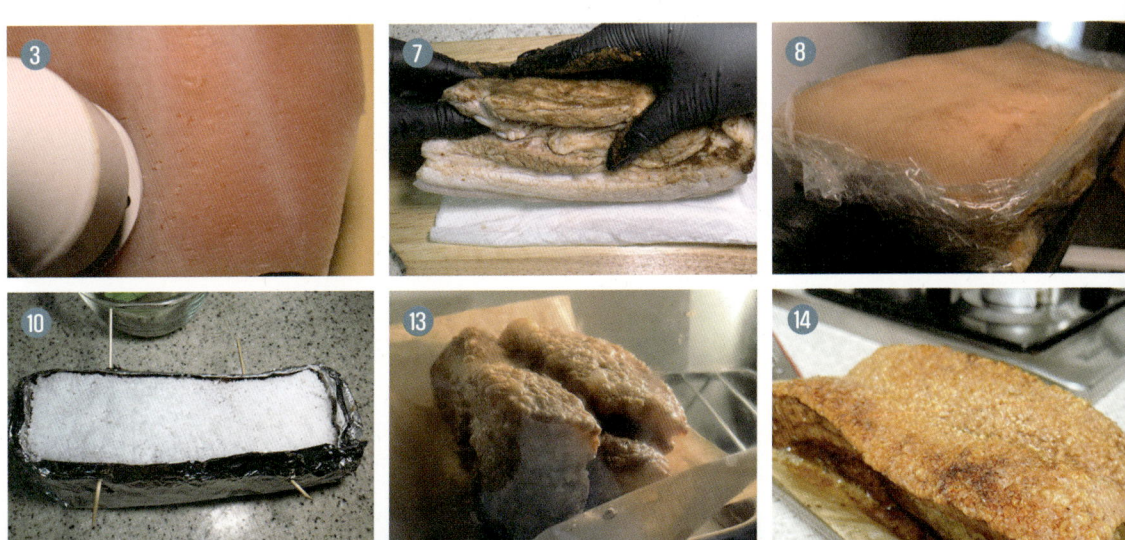

곤드레 나물 커우러우
(곤드레 나물 구육)

5시간
(나물 불리는 시간 제외)

구육은 가늘게 저며 찐 요리를 말하는데 중국어 발음으로는 '커우러우'예요. 커우러우는 광둥 요리로,
껍데기가 있는 돼지 삼겹살을 조리해 메이차이라는 중국 채소 위에 올려 먹어요.
얼핏 보면 동파육과 비슷해 보이지만 완전히 다른 요리랍니다.
한국에서는 메이차이를 구할 수 없어 비슷하지만 오히려 더 향긋하고 부드러운 곤드레 나물을 이용했더니,
어디에도 없는 독특한 요리가 되었어요. 곤드레 나물의 향긋함이 돼지고기의 느끼함을 잘 잡아주고,
돼지고기에 곤드레 나물의 향긋한 향이 배어서 안성맞춤이에요. 곤드레 나물 말고 다른 말린 나물을 응용해도 좋아요.

재료 [2인분]

- 말린 곤드레 나물 50g
- 통오겹살 1kg
- 월계수잎 2장
- 팔각 1개
- 생강 슬라이스 2조각
- 요리술 2숟가락
- 간장 2숟가락

[곤드레 나물 양념]

- 간장 3숟가락
- 참기름 1숟가락
- 분말 알룰로스 1숟가락

RECIPE

1. 말린 곤드레 나물을 찬물에 3시간 이상 담가둔다.
2. 냄비에 재료가 담길 정도의 찬물을 붓고 통오겹살, 월계수잎, 팔각, 생강 슬라이스, 요리술을 넣고 중불로 15분간 끓인다.
3. 통오겹살을 꺼내어 양념이 잘 배어들도록 껍데기에 이쑤시개나 포크 등으로 찔러서 미세한 구멍을 만든다.
4. 통오겹살 껍데기에 간장(2숟가락)을 바른 뒤, 껍데기가 위로 가게 하여 서늘한 곳에서 2시간 정도 건조한다.
5. 건조한 통오겹살을 에어프라이어에서 200℃로 10분간 굽는다.
6. 구운 통오겹살을 꺼내 0.5cm 두께로 썬다. 고기 전체가 분리되지 않도록 살코기 아래쪽 부분은 0.5~1cm 정도 썰지 않고 남겨둔다.
7. 물기를 제거한 곤드레 나물을 송송 썰어 프라이팬에 담고 간장(3숟가락), 참기름, 분말 알룰로스를 넣고 강불에서 2~3분간 볶는다.
8. 찜이 가능한 그릇에 껍데기 부분이 바닥으로 향하게 넣고, 볶은 곤드레 나물로 덮는다. 곤드레 나물을 손으로 꾹꾹 눌러 평평하게 만든 뒤, 찜기에 넣고 약불에서 2시간 정도 찐다.
9. 찜기에서 꺼낸 그릇을 넓은 접시에 거꾸로 뒤집어서 담으면 완성!

찌는 동안 나오는 돼지기름 대부분은 곤드레 나물에 흡수되지만, 그래도 기름이 튀지 않도록 조심해서 뒤집으세요.

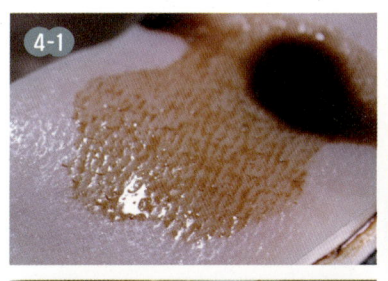

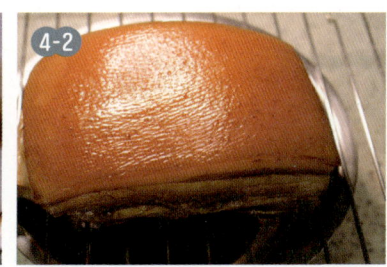

카오위
(매콤한 사천식 생선찜)

TIME 50분

탄수화물과 당이 없어 저탄수 식단으로 딱 좋은 중국식 생선찜 요리 '카오위'를 소개합니다.

카오위는 원래 화덕에 구워낸 생선에 중국 향신료인 화지아오(초피), 고추, 고추기름과 각종 채소를 넣고 자작하게 졸여 먹는 사천 요리예요. 화지아오보다는 좀 더 쉽게 구할 수 있는 산초를 사용하고, 화덕 대신 오븐을 이용해 집밥 메뉴로 재탄생했답니다.

참돔, 조기 등 다른 흰살 생선으로 대체해도 돼요.

집에서 생선찜 요리를 하려면 쉽게 엄두가 나지 않겠지만, 그래도 가끔은 마음먹고 한 번씩 만들어 보세요.

이 메뉴 역시 비주얼이 근사해서 손님 대접용으로도 좋아요.

재료 (2인분)

참돔 1마리(약 800g)
요리술 1숟가락
소금 1/2숟가락
양파 1개(150g)
파프리카 1개(150g)
표고버섯 5~6개
고수 조금
오일 약간

[소스]

청양고추 3개
말린 베트남고추 10개
마늘 10톨
산초 1숟가락
두반장 2숟가락
요리술 1숟가락
간장 1숟가락
분말 알룰로스 1숟가락

1 참돔을 깨끗이 씻고 손질하여 배 부분을 잘라 넓게 편다. 크기가 크면 몸통에 칼집을 낸다.

2 참돔 표면에 요리술(1숟가락)을 바르고 소금을 뿌린다.

3 팬에 오일을 조금 두르고 먹기 좋은 크기로 썬 양파와 파프리카, 표고버섯을 강불에서 3~5분간 볶는다.
   채소는 기호에 맞게 바꿔도 괜찮아요.

4 넓은 트레이에 포일을 깔고, ❸에서 볶은 야채를 넓게 깐 다음 그 위에 손질한 참돔을 올린다. 다시 그 위에 포일을 덮고 오븐에서 180℃로 20분간 굽는다.
   볶은 채소를 담을 때 팽이버섯 1봉을 함께 넣으면 훨씬 더 촉촉해져요.

5 팬에 오일을 두르고 청양고추, 말린 베트남고추, 마늘, 산초를 넣고 중불에서 2분간 볶는다.

6 약불로 낮추고, ❺에 요리술(1숟가락)과 두반장, 간장, 분말 알룰로스를 넣고 잘 섞이게 1분간 재빨리 볶는다.

7 오븐에서 구운 참돔을 꺼내 포일을 제거한다. ❻의 소스를 참돔에 펴 바르고, 일부 소스는 채소에 바른다.
   생선 껍질을 바싹하게 조리하고 싶다면 소스를 칼집 부분에만 바르세요.

8 ❼의 트레이를 다시 오븐에 넣고 200℃로 10분간 더 굽는다.

9 오븐에서 꺼내 고수를 올려 플레이팅하면 완성!
   고수 외에도 초록색이 나는 쪽파, 파채, 바질 등도 플레이팅에 잘 어울려요. 접시에 옮기는 게 어렵다면 트레이째 그대로 플레이팅해도 OK.!

으아젠
(대만식 굴전)

⏱ 30분

으아젠은 달걀을 섞은 녹말물에 각종 채소와 굴을 넣어 부친 대만식 굴전이에요. 한국의 떡볶이나 닭강정처럼 대만 야시장에 가면 무조건 있는 메뉴 중 하나랍니다. 이름도 귀엽지만 영양소도 가득해 보양식으로 좋아요. 향긋한 굴, 고소한 달걀과 함께 아라비아검을 넣어 쫀득한 식감을 즐길 수 있어요.

KETO POINT

아라비아검을 넣으면 탄수화물 없이 고구마 전분처럼 반죽의 쫀득한 느낌을 재현할 수 있어요. 카시아 수액을 굳혀 만든 천연 검으로, 식품의 점착성 및 점도를 높이는 천연 식품 첨가제입니다.

재료 [2인분]

- 굴 200g
- 아라비아검 20g(또는 잔탄검 5g)
- 아몬드가루 5g
- 물 80ml
- 마늘 2톨
- 쪽파 5g
- 달걀 2개
- 오일 약간

RECIPE

1. 깨끗하게 손질한 굴을 끓는 물에 넣고 30초 정도 데친 후 꺼내 물기를 제거한다.
2. 그릇에 먼저 아라비아검, 아몬드가루를 넣어 섞은 후, 물을 넣어 걸쭉하게 만든다.
3. 달군 팬에 오일을 충분히 두른 후 잘게 썬 쪽파와 다진 마늘, 굴을 넣고 강불에서 1분 정도 볶는다.

   굴은 원래 간간해서 따로 간을 할 필요가 없어요.

4. ❸을 파전처럼 넓게 편 후, ❷에서 만든 반죽을 붓고 약불로 15분간 둔다.

   약불에 15분간 두면 반죽이 바삭해져요.

5. ❹에 달걀물을 붓고 골고루 편다.
6. 달걀이 살짝 익으면 오일을 살짝 두른 다른 팬에 ❺의 굴전을 뒤집어서 옮긴다.

   진득해서 뒤집개로 뒤집기가 힘들기 때문에 다른 팬에 뒤집어 옮기는 게 편리해요.

7. 옮긴 팬에서 강불로 2분간 익힌다.

   굴이 익으며 나오는 즙으로 인해 뒤집은 면이 검게 보일 수 있어요.

8. 접시에 옮겨서 고수나 칠리소스 등 좋아하는 토핑과 소스를 얹으면 완성!

곤약 빵 30분 냉장 2일

키토식을 하며 탄수와 단것을 멀리해도 케이크나 크림빵같이 달콤하고 부드러운 게 먹고 싶을 때가 있죠.
이번에 소개하는 곤약 빵은 정말 간단히 만들 수 있고 그냥 생크림에 찍어 먹어도 좋아요.
다양한 틀이나 컵을 이용해 원하는 형태로 만들 수 있는데, 원형 케이크 틀로 만들면 케이크 시트로 활용할 수도 있어요.
키토제닉 다이어트 카페의 많은 회원분들도 이 레시피를 참고해 취향껏 다양하게 만들어 먹는 인기 레시피랍니다.

재료

달걀 3개(약 150g)
곤약가루 10g
코코아가루 5g
에리스리톨 30g
소금 1꼬집

내돈내산 추천제품
BAILINHOU PURE KONJAC FLOUR

RECIPE

1. 휘핑할 수 있는 그릇에 재료를 전부 넣은 후, 3~4배 부풀 때까지 거품기로 휘핑한다.

   곤약가루는 제품마다 성질이 조금씩 달라요. 잘 부풀지 않는다면 달걀을 1/2개 정도 더 넣으세요. 취향에 따라 코코아가루는 안 넣어도 되고, 말차가루를 넣어 녹색으로 색깔을 낼 수 있어요.

2. 빵틀이나 머핀컵에 ❶의 반죽을 70% 정도만 담은 후, 에어프라이어 170℃에서 20분(오븐은 170℃에서 25분)간 돌리면 완성!

1-1

1-2

2

TIP

곤약 빵으로 샌드위치 빵을 만들 수도 있어요!

넓은 사각틀을 이용해 곤약 빵을 얇게 만들면, 성분 좋은 키토 샌드위치 빵으로 활용할 수도 있어요. 에어프라이어의 온도와 시간은 동일합니다.

키토 도넛

 1시간   냉장 2일

푹신하고 달콤하며 화려한 비주얼까지 자랑하는 도넛. 밀가루와 설탕, 초콜릿의 조합이라 키토식을 시작하고서는 절대 가까이할 수 없는 간식 중 하나죠. 하지만 아몬드가루와 차전자피가루를 이용해 부담 없이 즐길 수 있답니다. 순서대로 만들지 않으면 버터와 치즈, 가루가 잘 섞이지 않을 수 있어서, 반죽하는 순서를 꼭 지켜서 만들어야 해요. 토핑은 초콜릿, 아몬드 슬라이스, 코코넛 슬라이스 등으로 취향껏 올리세요.

재료 (6개)

- 무염버터 20g
- 리코타 치즈 30g
- 달걀 3개
- 아몬드가루 50g
- 차전자피가루 4g
- 베이킹파우더 5g
- 분말 알룰로스 30g
- 애플사이다비니거 1/4숟가락
- 바닐라 익스트랙 약간(1~2방울)

[토핑 재료]

- 무염버터 20g
- 무설탕 다크초콜릿 20g
- 액상 알룰로스 10ml
- 아몬드 슬라이스(또는 코코넛 슬라이스) 취향껏

RECIPE

1. 그릇에 무염버터(20g)를 담고 중탕해 녹인다. 전자레인지로 녹여도 OK.
   버터는 총 40g이 필요해요. 반죽과 토핑에 각각 20g씩 나눠서 사용하세요.
2. 리코타 치즈를 넣고 섞은 뒤, 달걀을 하나씩 넣으며 반죽한다.
3. ❷에 아몬드가루와 차전자피가루, 베이킹파우더, 분말 알룰로스를 넣고 반죽한다. 달걀과 식초 성분이 만나면 굳을 수 있으므로, 애플사이다비니거와 바닐라 익스트랙은 맨 마지막에 넣는다.
4. 짤주머니에 반죽을 넣고 도넛 틀에 약 80%만 짜 넣는다.
5. 175℃로 예열한 오븐에 넣고 20분 정도 굽는다.
6. 노릇하고 푹신하게 잘 구워졌으면 상온에서 식힌다.
7. 도넛이 식는 동안 키토 초콜릿과 버터(20g), 액상 알룰로스를 작은 냄비에 넣고 중탕하여 녹인다.
8. 만들어 둔 도넛 표면에 ❼에서 녹인 초콜릿을 찍거나 부어서 예쁜 모양을 만든다.
9. 아몬드 슬라이스, 코코넛 슬라이스 등으로 예쁘게 꾸미면 완성!

샤오빙
(중국식 호떡)

⏱ 1시간   🧊 냉장 1일

한국에 대표적인 길거리 음식인 호떡이 있다면, 중국에는 샤오빙이 있어요. 아침에 한 개만 먹어도 든든해 식사 대용으로 많이 찾는 음식이랍니다. 원래 샤오빙은 밀가루 반죽에 고기 속을 넣어 화덕에서 구운 것이지만, 저는 키토식 재료로 클린하게 만들어봤어요.
하나만 먹어도 든든해서 아침에 간단히 먹기 좋아요. 부추나 고기로 만든 속이 취향에 맞지 않으면 치즈나 닭고기, 베이컨 등으로 대체해도 됩니다.

KETO POINT

오메가3, 리그난, 섬유질과 항산화 성분이 풍부한 아마씨(플렉시드)를 갈면 체내 소화가 잘되어 몸에 흡수되는 영양소 비율이 올라가요. 아마씨가루는 특유의 냄새 때문에 호불호가 있지만, 다른 가루와 섞어서 만들면 곡물의 고소함이 배가된답니다. 단, 종자의 식물성 에스트로겐 때문에 임신부와 수유부는 섭취하지 않는 편이 좋아요.

재료 [4개]

아몬드가루 60g
밀 글루텐 60g
아마씨가루 30g
차전자피가루 5g
베이킹파우더 5g
소금 1꼬집
물 100ml

[속재료]

다진 소고기 200g
부추 50g
간장 1/2숟가락
후추 1/4숟가락
소금 1꼬집

 RECIPE

1 아몬드가루, 밀 글루텐, 아마씨가루, 차전자피가루, 베이킹파우더, 소금을 볼에 넣고 잘 섞은 뒤 미지근한 물을 넣어 반죽한다.

반죽은 묽으면 안 되고 점성이 있어야 해요.

2 반죽을 랩으로 덮어 실온에서 20분 정도 숙성한다.

3 반죽을 숙성하는 동안 다진 소고기에 잘게 썬 부추와 간장, 후추, 소금을 넣은 뒤 섞는다.

부추가 입맛에 맞지 않으면 다른 채소로 바꿔도 되지만, 물기가 많이 생기는 양파나 오이 등은 피하는 게 좋아요.

4 ❷의 반죽을 4등분으로 나누어 하나씩 넓게 편다. 반죽이 얇을수록 식감이 바삭하다.

5 ❸의 속을 반죽 크기의 1/4 크기만큼 덜어서 넣고 반죽을 오므린다.

6 터지지 않게 손바닥으로 살살 누르되 호떡보다는 두껍게 누른다.

7 에어프라이어에서 160℃로 20분간, 뒤집어서 200℃로 10분간 구우면 완성!

1차로 구울 때는 속까지 익도록 약하게 오래 굽고, 2차로 구울 때는 겉면이 바삭해지도록 세게 구워요.

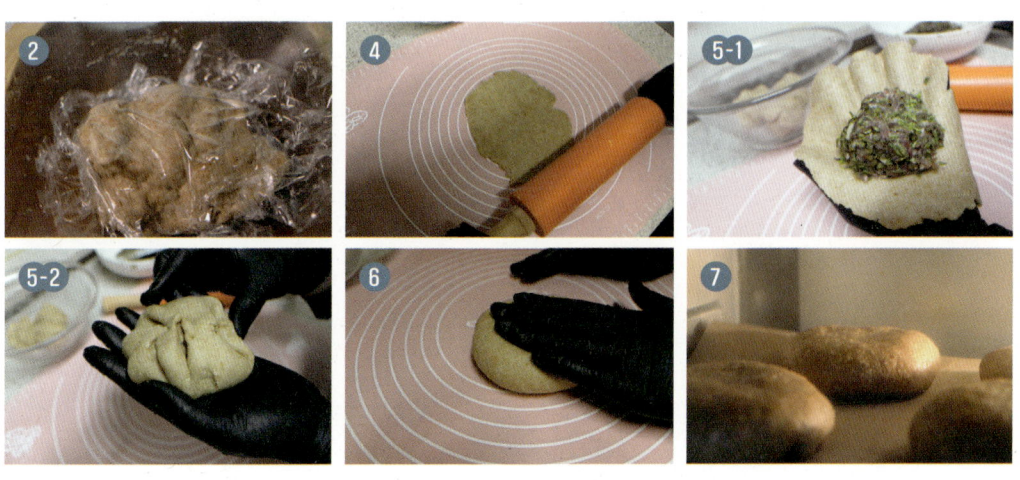

까이딴자이
[홍콩식 에그 와플]

TIME 20분   냉장 2일

한국에는 붕어빵이 대표적인 길거리 음식이라면 홍콩에는 까이딴자이가 있어요.
모양이 동글동글해 귀여우면서 한입에 쏙 들어가는 크기로, 홍콩 현지에서도 길거리 음식으로 인기가 많아요.
재료도 간단하고, 반죽 만들기도 쉬워서 베이킹 초보도 굽는 기계의 온도나 팬의 불 조절만 잘하면 근사한
홈메이드 홍콩식 와플을 만들 수 있어요. 저는 호두과자 팬을 이용했지만, 와플팬이나 미니 붕어빵 기계를 이용해도 괜찮아요.
단, 반드시 양면 팬을 사용하세요.

재료

[가루 재료]
아몬드가루 70g
분말 알룰로스 30g
베이킹파우더 5g
차전자피가루 5g

[액체 재료]
달걀 1개
생크림 40g
물 60ml

RECIPE

1. 가루 재료와 액체 재료를 각각 섞은 후, 가루 재료에 액체 재료를 조금씩 부으며 잘 섞어 반죽한다. 반죽의 묽은 정도는 붕어빵 반죽 정도면 된다.
2. 호두과자 팬을 약불로 5분 정도 달군 뒤, 반죽을 붓고 중불로 2분 정도 굽는다.
3. 뒤집어서 약불로 5분 정도 굽는다.
4. 팬에서 잘 분리하여 상온에서 바삭하게 말리면 완성!

지우차이허즈
(부추 달걀 대형 만두)

TIME 40~50분

지우차이허즈는 중국 산둥성에서 시작된 중국식 짭짤한 포켓파이의 일종으로 설에 먹는 전통 음식이랍니다. 스크램블드에그를 잘게 부수어서 속을 만들어 식감은 폭신하고, 부추를 넣어 건강까지 챙긴 음식이에요. 만두에 간이 되어 있지만 고추장이나 칠리소스 등에 찍어 먹으면 더 맛있어요. 반죽을 얇게 펴야 바삭한데, 반죽을 펼 때와 만두 모양을 만들 때 랩을 이용하면 반죽이 찢어지는 일 없이 쉽게 만들 수 있어요. 고기 위주 키토식이 질릴 때, 밀가루 맛이 그리워질 때 만들어 먹으면 좋아요. 이 레시피 분량으로는 3개 정도 만들 수 있는데 한 개만 먹어도 든든하답니다.

재료 (3개)

아몬드가루 120g
밀 글루텐 30g
아마씨가루 30g
차전자피가루 10g
소금 1꼬집
물 150ml
오일 약간

[속재료]

달걀 3개
부추 150g
참기름 1숟가락
간장 1숟가락
소금 1/2숟가락
후추 1/2숟가락

 RECIPE

1. 볼에 달걀을 넣고 소금(1꼬집)을 넣어 푼 다음, 달군 팬에 오일을 두르고 스크램블드에그를 만든다.
2. 불을 끄고 국자나 젓가락으로 달걀을 잘게 찢는다.
3. 잘게 썬 부추에 참기름을 넣고 무친다.
4. ❷와 ❸에 간장, 소금(1/2숟가락), 후추를 넣고 골고루 섞는다.
5. 아몬드가루, 밀 글루텐, 아마씨가루, 차전자피가루, 소금(1꼬집)을 잘 섞은 뒤 찬물 150ml를 넣어 반죽한다.
6. ❺의 반죽을 6등분으로 나눈 뒤 랩을 깔고 그 위에 반죽 하나를 얇게 편 다음, ❹에서 만든 속을 1/6만큼 넣고 반으로 접어 만두 모양으로 만든다.

   반죽이 얇아서 손으로 만두 모양을 빚으면 터질 수 있으니 랩을 이용하세요.

7. 팬에 오일을 두르고 약불에서 앞뒤로 5분씩, 10분 정도 구우면 완성!

   에어프라이어 이용 시에는 180℃에서 15분, 뒤집어서 10분간 구우면 OK!

핼러윈 마녀 손가락 쿠키

 1시간   냉장 3일

말차가루와 아몬드 슬라이스로 아이들과 맛있는 건 물론이고, 재미있으면서도 무서운(?) 핼러윈 쿠키를 만들어보세요.
버터와 달걀만으로 반죽해서 수분이 거의 없어 거칠게 다루면 부서지니 조심하세요. 말차가루 양으로 색감을 좀 더 진하거나 옅게 조절하고, 빨간색은 비트가루, 노란색은 강황가루나 치자가루 등으로 다른 색을 내도 재밌어요.
손가락 모양 외에도 호박이나 박쥐 등 핼러윈을 상징하는 여러 가지 모양을 응용해, 더욱 멋진 핼러윈을 즐겨보세요.

재료(12개)

- 아몬드가루 70g
- 분말 알룰로스 20g
- 말차가루 5g
- 무염버터 30g
- 달걀물 5g(1/2숟가락)
- 아몬드 슬라이스(쿠키 개수만큼)

RECIPE

1. 아몬드가루, 분말 알룰로스, 말차가루를 볼에 넣고 잘 섞는다.
2. ❶에 버터, 달걀물을 넣고 반죽한다.
   - 버터는 1시간 이상 실온에 둔 것을 사용하세요.
3. 랩에 싸서 냉동실에 30분간 넣어둔다.
4. 반죽을 꺼내 12등분 하여 마디마디를 잘 눌러가며 손가락 모양으로 만든다.
5. 이쑤시개 등으로 살짝 눌러 주름을 만들고, 끝에 아몬드 슬라이스를 하나씩 얹어 손톱을 만든다.
   - 아몬드 슬라이스가 없으면 통아몬드를 사용해도 돼요.
6. 트레이에 ❺를 놓고 포일로 덮는다.
   - 포일로 덮지 않으면 오븐에 넣었을 때 열선에 가까이 닿아 탈 수 있어요.
7. 오븐에 넣고 165℃로 15분 동안 굽는다.
8. 트레이를 꺼내서 그 상태로 식힌다.
   - 식기 전에는 말랑해서 모양이 변하기 쉬우니 주의하세요.
9. 손바닥 부분을 천이나 그릇으로 가려, 손가락만 나오도록 무섭게 플레이팅하면 완성!

로우빙쩡딴
(다진 돼지고기 달걀찜)

⏱ TIME 30분

몸이 아프거나 컨디션이 안 좋을 때, 단백질을 보충하면서 소화를 촉진하여 기력 회복을 도와주는 죽 대용 키토 영양 회복식이에요. '로우빙'은 다진 고기, '쩡딴'은 찐 달걀이란 뜻으로 다진 고기가 들어간 달걀찜을 말해요. 달걀찜에 고기를 넣는다는 게 다소 생소할 수도 있지만, 다진 돼지고기가 촉촉한 달걀찜을 더 부드럽게 만들어 죽의 부드러운 식감을 구현한답니다. 재료도 간단하고 만들기도 쉬워 누구나 도전할 수 있는 메뉴예요. 마지막에 올리는 달걀에서는 쫄깃하고 탱탱한 식감을, 고기가 든 달걀찜에서는 촉촉함을 동시에 즐길 수 있어요.

재료 (1인분)

- 달걀 3개
- 다진 돼지고기 200g
- 물 100ml
- 간장 2숟가락
- 맛술 1숟가락

RECIPE

1. 찜기용 그릇에 달걀 2개를 푼다.
2. ❶에 다진 돼지고기와 물, 간장, 맛술을 넣고 잘 섞는다.
3. 찜기에 ❷를 넣고 약불에서 10분간 찐다. 전자레인지를 이용할 때는 랩으로 싼 뒤 구멍을 몇 개 뚫고 8분간 돌린다.
4. 내용물이 익고 표면이 굳으면 노른자가 터지지 않게 달걀 1개를 위에 올린다.
5. 찜기 뚜껑을 닫고 약불에서 15분간 다시 찌면 완성! 취향에 따라 이 단계는 생략하거나 시간을 줄여도 돼요. 이 단계에서 전자레인지를 사용하면 달걀이 터질 수도 있으니 찜기를 추천해요.

터키 아이스크림

 15분 (냉동시간 제외)   냉동 2주

아이스크림 킬러였던 제가 키토식을 시작하고 나서는 엄두도 못 내던 간식 중 하나가 바로 아이스크림이었어요. 하지만 이 레시피를 알게 된 다음부터는 아이스크림을 맘껏 먹을 수 있게 됐답니다.

생크림에 이눌린을 넣어 장에도 좋고 맛도 좋은 쫀득한 터키 아이스크림을 맘 편하게 즐겨보세요. 이눌린은 뿌리채소에 많이 함유된 일종의 수용성 식이섬유예요. 소화효소에는 분해되지 않고 장내 미생물에 발효돼 배변기능을 촉진해요.

혈당 수치 개선과 혈중 콜레스테롤 개선에도 도움을 주는 카카오가루나 말차가루를 추가하면 다양한 맛으로 만들 수 있어요.

KETO POINT
수용성 식이섬유인 이눌린을 넣으면 점성이 생겨 식감이 쫀득해져요. 당분이 전혀 없는데도 단맛이 난답니다. 이눌린이 없으면 이눌린 성분이 많이 들어 있는 유산균가루를 넣어도 돼요.

재료 (1인분)

- 이눌린 30g
- 분말 알룰로스 30g
- 물 30ml
- 생크림 200g

내돈내산 추천제품
나우푸드 이눌린

RECIPE

1. 냄비에 이눌린과 분말 알룰로스, 물을 넣고 섞은 후 약불에서 2분간 끓인다.
2. 진득해지면 불을 끄고 생크림을 넣어 잘 섞는다.
3. ❷를 500ml 정도 되는 밀폐 용기에 담고, 뚜껑을 닫은 뒤 더 쫀득해지도록 강하게 여러 번 흔든다.
4. 상온에서 30~40분간 식힌 후 냉동실에서 약 5시간 정도 얼리면 완성!

온앤오프

저탄수 ▮▮▮▮▯ 중단백 ▮▮▮▮▯ 고지방 ▮▯▯▯▯

이름: 김주연 | 42살 | 키토식 2년차 | 28kg 감량 | 감량템: 달걀, 고기, 땅콩버터 | 증량템: 탄수화물
키토 애정템 TOP 3: 콜리플라워 라이스, 알알이 곤약쌀, 에리스리톨&알룰로스 | **챙겨 먹는 영양제:** 종합비타민, 오메가3

온앤오프 다이어트 will_efsh on_n_off_diet

Q. 키토식 시작 계기는?

✦ 2022년 1월, 당시 저는 키 165cm에 체중은 97kg이었어요. 살이 찌면서 사람들과 만나는 것을 점점 피하게 되었고 그러면서 마음의 병도 차츰 커져갔죠. 살찐 모습을 보여드리기 싫어 돌아오는 설날에 부모님을 뵈러 가지 않겠다고 전화한 날이 마침 엄마 생신이었는데, 그것도 모르고 뚱뚱해졌다는 이유로 부모님 뵈러 가는 것을 미루는 제 스스로가 너무 한심해졌어요.
그때를 계기로 외형적으로 예뻐 보이기 위한 다이어트가 아니라, 부모님의 걱정을 덜어드리고 싶어 다이어트를 결심했습니다.

Q. 직접 체험한 키토식의 장점은?

✦ 우선 체중이 97kg에서 69kg까지 28kg 감소했고, 지방은 감소했지만 근육은 오히려 증가했어요. 몸무게가 줄어드니 마음도 행동도 가벼워졌어요. 피부트러블이 사라져서 몸속이 건강해졌다는 걸 실감했죠. 무엇보다 부모님이 정말 좋아하세요. 100kg에 육박했을 때, 이러다 딸한테 무슨 일이 생기지는 않을까 걱정하셨는데, 이제는 그런 근심의 그림자가 사라졌어요. 저는 이 점이 가장 감사해요.

Q. 키토식의 힘든 점은?

✦ 지금도 밥, 빵, 면을 맘대로 먹지 못한다는 게 가장 어려워요. 한국 사람은 밥심으로 산다는 말이 있을 정도로 밥은 한국인에게 큰 의미가 있잖아요. 키토 식단을 한다고 해서 흰 쌀밥과 라면이나 비빔면, 달콤한 빵의 맛을 모르거나 싫어하지는 않아요. 그저 건강을 위해 절제하고 참을 뿐이죠.
그리고 키토 식단을 유지하는 데 드는 만만치 않은 비용도 어려운 점이에요. 설탕보다 에리스리톨 가격이 더 높고, 주식으로 먹는 고기나 샐러드 채소의 가격도 싸지 않으니까요. 시판용 키토 제품들 역시 일반 제품과 비교하면 가격대가 높아요. 예전에는 김밥 한 줄과 컵라면으로 한 끼를 간단히 때울 수 있었는데 말이죠.

Q. 키토 초보자에게 추천하는 식재료나 요리도구는?

✦ 저는 저탄수에 초점을 두고 있어요. 그래서 밥 대용품으로 콜리플라워 라이스와 알알이 곤약쌀을 추천해요. 면을 좋아한다면 실곤약과 천사채도 추천합니다.
그리고 설탕 대신 가루 형태의 에리스리톨을, 물엿이나 요리당 대신 액상 알룰로스를 구입한다면 크게 무리 없이 저탄수 식단과 키토 식단에 도전할 수 있어요.

Q. '안 사도 돼요!' 하는 아이템은?

✦ 제 개인적인 취향이라는 걸 전제하고, 이 질문을 받고 가장 먼저 떠오른 식재료가 '리퀴드 아미노스'예요. 간장에 함유된 당류가 걱정돼 많은 분들이 즐겨 사용하는 간장 대체품이지만, 제 입에는 정말 맛이 없었어요. 절반쯤 겨우 먹고 버릴까 하다가, 각종 채소와 버섯을 넣고 끓인 맛간장에 나머지 반을 사용한 후 다시는 구입하지 않았어요.
남들은 맛있게 먹는 키토 식재료 중에도 내 입맛에는 별로인 재료들이 많답니다.

Q. 나만의 키토식 룰은?

✦ 성인이 된 후 20년 동안 안 해본 다이어트가 없었어요. 닭고야 식단, 덴마크 다이어트, 1일 1식 등 유행하는 다이어트는 전부 다 해봤답니다. 그렇지만 궁극적인 성공을 안겨준 다이어트는 없었어요. 사실 키토식도 이전에 몇 번 시도했다 실패했어요. '저탄고지'를 완벽하게 하고 싶어서 식단에 너무 엄격했기 때문이었죠.
그래서 지금은 '너무 엄격하게 하지 말자'가 제1원칙입니다. 밥, 면, 빵, 설탕 같은 큼직큼직한 탄수화물 식재료만 자제하고, 간장, 마늘, 대파, 당근 등의 식재료에 들어있는 탄수까지는 신경 쓰지 않아요. 외식할 때도 밥과 면, 설탕이 들어간 소스류만 조심하고 고기나 생선은 편하게 먹는 편이에요. 살찔 걱정 없이 건강하고 맛있게 먹을 수 있는 고마운 식단, 키토식을 오래도록 유지하고 싶거든요.

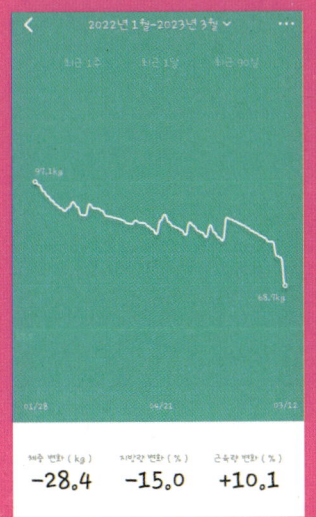

저는 식단에서 '고지방'보다는 '저탄수'에 더 신경을 많이 써요. 개인적으로도 삼겹살, 방탄커피, 버터, 오일 등 지방을 의도적으로 많이 챙겨 먹었던 식단보다 탄수 절제에 중점을 둔 식단의 체중변화가 더 드라마틱했어요.

저탄수 식단이라고 해서 지방 섭취를 안 하는 건 아니에요. 탄수를 제한하기 때문에 탄수로 섭취하는 칼로리보다 지방으로 섭취하는 칼로리가 더 높아요. 일부러 버터나 오일 등의 지방을 많이 먹으려고 애쓰지 않을 뿐, 제가 애용하는 식재료인 고기나 생선류로부터 자연스레 지방과 단백질을 섭취하고 버터나 오일을 부담 없이 사용하며 요리하기 때문에 지방 섭취도 적지 않아요. 고기나 생선을 즐겨 먹는 것도 일부러 단백질을 먹으려고 애쓰는 게 아니라, 제가 좋아하는 식재료라서 즐겨 먹는 거예요.

LCHF는 다양한 스펙트럼을 갖고 있는데, 이 중에서 키토제닉은 하루 탄수화물 섭취량을 20g 이하로 줄이는 엄격한 LCHF입니다. 저는 제 몸을 키토시스 상태로 만드는 엄격한 키토제닉 식단이 아닌 좀 더 포괄적인 개념의 저탄고지 식단을 하고 있어요.

사람의 몸은 각자 다르기 때문에 누군가에게는 '고지방'이 딱 맞는 행복한 식단일 수 있지만, 누군가에게는 소화가 어려운 고된 식단일 수도 있어요. 나에게 잘 맞는 식단이 무엇인지 식재료나 식습관, 요리법 등과 관련해 다양하게 시도하고 도전해보세요.

저도 제게 더 잘 맞는 다이어트와 식단이 무엇인지 앞으로도 계속 연구할 생각이에요.

천사채 다이어트 라면

 5분

지방 함량은 낮고 탄수화물 비중이 높은 라면은 저탄고지 식단과는 상극이죠. 하지만 문제 되는 식재료를 키토식에 어울리는 재료로 바꾸고 부족한 영양성분을 채우면 키토식을 하면서도 라면을 즐길 수 있답니다. 당면화한 천사채를 면으로 사용한 이 다이어트 라면의 핵심재료는 들깻가루예요. 원래 우리가 아는 라면 맛은 밀가루 면에서 나오는 전분으로 국물이 살짝 탁해지면서 완성되거든요. 밀가루 면을 사용하지 않으면 국물이 지나치게 깔끔해서 라면 같은 느낌이 나지 않아요.
이때 들깻가루나 아몬드가루를 1숟가락 넣으면 국물이 살짝 탁해지고 구수해지면서 진짜 라면 국물과 비슷해진답니다.

천사채 33쪽

재료(1인분)

라면수프 1숟가락
해물톡톡 1숟가락(생략 가능)
천사채면 150~200g
들깻가루 1숟가락
달걀 1개
물 450ml

RECIPE

1. 냄비에 물을 붓고, 끓기 시작하면 해물톡톡과 라면수프를 넣는다.
   해물톡톡을 넣으면 너구리 라면 국물 맛이 나요. 생략해도 문제는 없어요. 저는 라면수프만 따로 파는 제품을 이용했어요.

2. ❶에 천사채면을 넣고, 국물을 살짝 탁하고 진하게 해줄 들깻가루를 넣어 강불에서 2분간 끓인다.
   저는 파스타나 볶음면에는 두부면을, 뜨거운 국물 요리에는 천사채면을, 차가운 면 요리에는 곤약면(냉면 굵기)을 즐겨 사용해요.

3. 달걀을 풀어 넣고, 기호에 따라 대파와 고춧가루를 추가하여 1분 정도 더 끓이면 다이어트 라면 완성!

곤약 콜리밥

 5분　 냉장 2일

탄수화물 섭취를 줄이기 위해 선택하는 곤약 현미밥이나 곤약 귀리밥의 탄수화물의 양도 적지 않다는 걸 아시나요?
이런 점 때문에 직접 만들어 먹기 시작한 메뉴가 바로 곤약 콜리밥이에요.
레시피대로 만든 곤약 콜리밥의 탄수량은 1인분 기준으로 약 3.5g이랍니다.
알알이 곤약쌀과 콜리플라워 라이스, 그리고 달걀을 이용한 곤약 콜리밥은 볶음밥, 덮밥, 유부초밥 같은
한 그릇 음식 외에도 찌개나 반찬과 함께 먹는 흰쌀밥 대용으로도 손색이 없어요.
저는 이 곤약 콜리밥 덕분에 이제 부담 없이 한식 밥상을 차려 먹고 있답니다. 처음 요리하면 10분,
숙달되면 5분 만에 완성할 수 있어서 저는 한 번에 2끼 분량을 만들어요. 냉동 보관은 어려워요!

재료 (2인분)

알알이 곤약쌀 200g
냉동 콜리플라워 라이스 300g
달걀흰자 1~2개
오일 1숟가락(생략 가능)

RECIPE

1 곤약쌀을 깨끗이 헹군 뒤 체에 밭쳐 물을 빼두고, 냉동 콜리플라워 라이스와 달걀흰자를 준비한다.
   콜리플라워 라이스 대신 생콜리플라워나 냉동 콜리플라워를 잘게 다져 사용해도 OK

2 아무것도 두르지 않은 마른 팬에 곤약쌀과 콜리플라워 라이스를 넣고 강불에서는 3분, 중불에서는 4분 정도 계속 덖으면서 수분을 날려준다.
   뒤적여도 물이 보이지 않을 때까지 계속 덖는 것이 좋아요.

3 ❷의 가운데를 비우고 평소 사용하는 오일을 살짝 두른 뒤, 달걀흰자를 넣고 스크램블하듯이 익히며 중불에서 1분 정도 섞으면 완성!
   따로 스크램블한 달걀을 곤약콜리밥과 섞어도 좋고, 처음부터 달걀을 넣고 섞어도 OK!

KETO POINT

- 건조 곤약쌀은 탄수화물 함량이 높으니 꼭 충진수가 들어 있는 곤약쌀을 사용하세요.
- 달걀은 필수가 아니에요. 알알이 곤약쌀과 콜리플라워에 부족한 단백질을 챙기면서 재료들이 잘 어우러지게 하는 역할을 하죠. 흰자와 노른자 전부 넣어도 괜찮고, 흰쌀밥 색깔로 먹고 싶다면 흰자만 넣으세요.

돼지고기 콜리 짜글이

TIME 30분

매콤한 국물에 푹 익힌 돼지고기와 감자를 흰쌀밥에 쓱쓱 비벼 먹으면, 어느새 밥 한 공기가 뚝딱인 돼지고기 감자 짜글이. 키토인들에게는 부담스러울 수밖에 없죠. 그러나 감자 대신 콜리플라워를 넣어보세요. 감자와 식감은 물론 맛까지 흡사해져요. 흰쌀밥 대신 곤약 콜리밥에 비벼 먹거나, 짜글이 국물에 두부면을 풀면 장칼국수 느낌까지 즐길 수 있답니다.

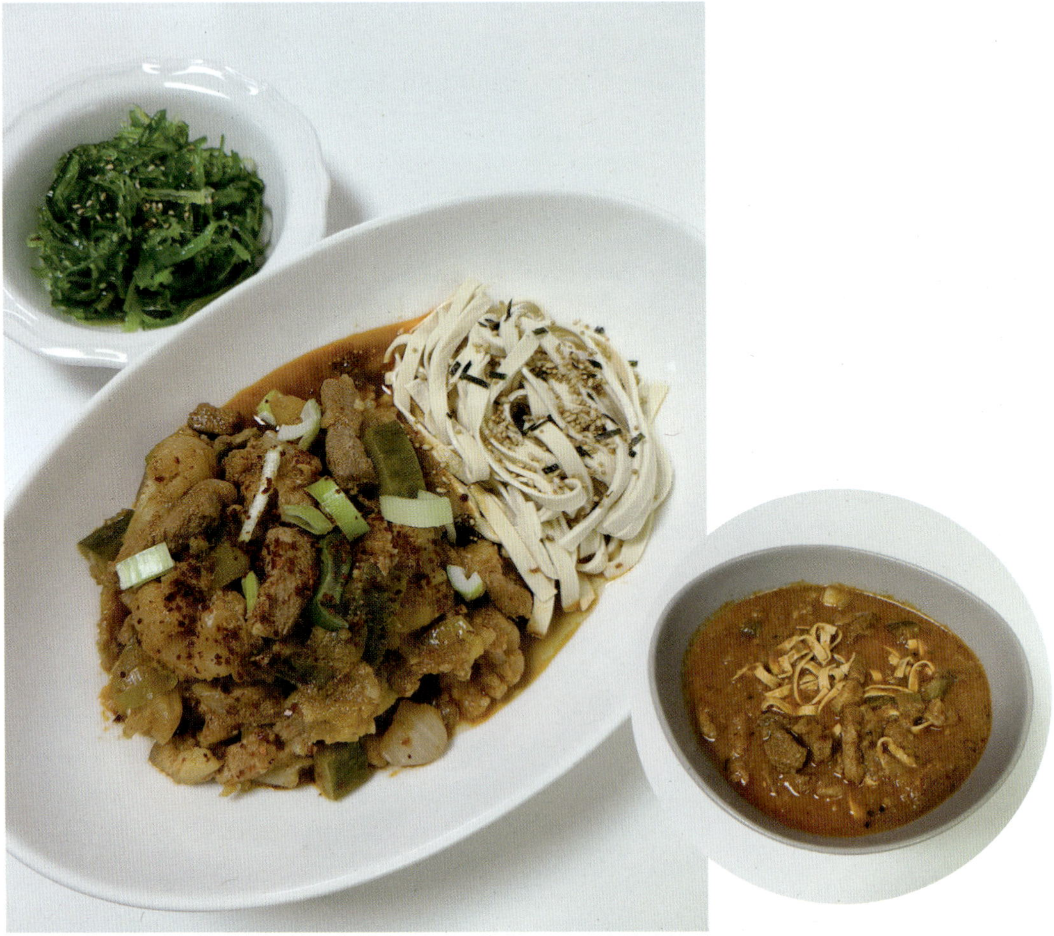

재료 [2인분]

돼지고기 400g
콜리플라워 200g
애호박 1/2개(150g)
양파 1/2개(100g)
대파 10cm(50g)
청양고추 1~2개
오일 1~2숟가락
물 500ml

[양념]

저당 고추장 2숟가락
저당 초고추장 2숟가락
고춧가루 2숟가락
간장 2숟가락
에리스리톨 2숟가락
다진 마늘 2숟가락

내돈내산 추천제품
고맙당 고추장, 고맙당 초고추장

 RECIPE

1 양념 재료를 모두 섞어 양념을 만든 뒤, 채소를 손질하는 동안 양념을 반 정도만 사용하여 돼지고기를 재워둔다.

돼지고기는 국거리용, 뒷다리살, 돼지목살을 한입 크기로 잘라 사용해요.

2 애호박과 양파는 한입 크기로 깍둑썰기 하고, 콜리플라워도 비슷한 크기로 손질하고, 대파는 채 썰어 준비한다. 청양고추는 어슷썰기 하거나 다져서 넣는다.

청양고추는 통으로 넣어 매운맛만 추가한 뒤 빼도 좋아요. 맵기는 취향에 따라 조절하세요.

3 냄비에 오일을 두르고 양념한 돼지고기를 중불에서 3분 정도 볶는다.

4 대파를 제외한 모든 채소 재료를 넣고, 재료가 잠길 정도로 물을 부은 뒤 중불에서 15분 정도 바글바글 끓인다. 이때 남은 양념장을 넣어 기호에 따라 간을 맞춘다.

5 국물이 원하는 농도까지 졸아들면, 대파를 넣고 약불에서 1분 정도 더 끓이면 완성!

KETO POINT

일반식이라면 고추장과 맛술을 2:1 비율로 넣었겠지만, 시판 맛술에는 설탕이 들어 있는 경우가 많아요. 대신 맛술의 감칠맛 효과를 주기 위해 고추장 양을 반으로 줄이고 초고추장을 넣었어요. 무설탕 맛술이 있다면 저당 고추장 4숟가락, 맛술 2숟가락으로 사용해도 좋아요.

무 버섯 카레밥

 **20분**

고기와 지방을 많이 사용하는 키토식을 하다 보면, 소화가 안 돼서 속이 불편할 때가 종종 있어요. 그럴 때 추천하는 메뉴입니다. 제가 체해서 속이 불편했을 때 소화에 도움 되는 식재료인 무로 만든 달콤하고 맛있는 카레 요리예요. 보통 카레를 만들 때는 양파를 캐러멜라이징하여 달달한 맛을 끌어올리는데, 이 레시피에서는 무를 사용하니 이 과정이 필요 없어요.

기본 재료는 무와 버섯, 다진 마늘이에요. 버섯은 냉장고에 있는 다른 버섯 종류로 대체해도 괜찮고 다진 마늘은 안 넣어도 돼요. 배춧과 식물 중 가장 소화가 잘되는 콜리플라워로 만든 곤약 콜리밥과 함께 먹어보세요. 소고기나 돼지고기를 처음부터 함께 넣고 끓이거나 새우와 마늘 칩을 토핑으로 올려도 좋아요.

곤약 콜리밥 148쪽

재료 [1인분]

곤약 콜리밥 200~250g, 무 1/4개(150~200g), 말린 표고버섯 한 줌, 다진 마늘 1/2 숟가락, 카레 블록 1개(25g), 오일 약간, 물 150ml

[**토핑**] 칵테일 새우 5~7마리, 마늘 3~5톨

내돈내산 추천제품 커리파우더(바름), 버터치킨커리페이스트(키친오브인디아), 인도커리파우더(아이엠소스)

RECIPE

1. 말린 표고버섯을 따뜻한 물에 5분 남짓 담가서 불린다. 버섯과 무는 손질 후 한 입에 먹기 좋을 정도로 얇게 썰어둔다.

    생표고버섯 2~3개를 슬라이스해서 사용해도 OK! 선호하는 다른 버섯도 괜찮아요.

2. 팬에 오일을 살짝 두르고 다진 마늘, 두께 0.5cm 정도로 얇게 썬 무와 표고버섯을 넣고 중불에서 5분간 빠르게 볶는다.

3. 무가 반투명해지면 재료가 잠길 정도로 물을 붓고 카레 블록을 넣은 후, 카레 블록이 풀어질 때까지 강불에서 3~5분간 끓인다.

4. 곤약 콜리밥에 카레를 붓고, 취향에 따라 토핑을 올리면 완성!

TIP

요리 풍미 UP! 토핑용 새우 만들기

새우 비린내 제거를 위해 다진 마늘 약간, 후추 1꼬집, 청주나 무설탕 맛술 1숟가락에 5분 정도 밑간한 후, 중불에서 3~5분 정도 재빨리 볶으면 완성!

요리 풍미 UP! 토핑용 마늘칩(프레이크) 만들기

키토식을 하면서 마늘 섭취를 제한하지 않는다면, 미관상으로 사용하는 가니시로 마늘칩만큼 훌륭한 것도 없어요. 간단하게 마늘칩 만드는 방법을 소개합니다.

[**재료**] 마늘 3~5톨, 오일 스프레이 약간

1. 마늘을 얇게 편 썰기하고 오일 스프레이를 골고루 뿌린다.
2. 170℃로 예열한 에어프라이어에 5분간 구우면 완성!

무, 버리는 것 없이 다 사용하기

무를 1개 사면 한 번에 다 사용하지 못하니 상해서 버리는 경우가 종종 생기죠. 요리하고 남은 무는 뭇국용 크기로 얇게 잘라 냉동해 두면, 국 끓일 때나 카레 만들 때 손쉽게 사용이 가능해요. 이 요리에도 냉동해둔 무를 사용했어요.

초간단 전복찜  15분

저탄수 식단을 질리지 않고 즐기려면, 때로는 특식 반찬이 필요해요. 고기, 버터, 샐러드라는 단조로운 식단에서 벗어나 식재료의 범주도 늘려보세요. 손질을 마친 전복으로 할 수 있는 요리는 참 많아요.
그중에서 가장 먼저 찜기 없이도 간단히 만들 수 있는 초간단 '한국식' 전복찜 레시피를 소개합니다.
전복 껍데기가 찜기 역할을 해서 찜기 없이도 간단하게 전복찜 요리를 할 수 있어요.
이 전복찜을 먹어본 지인들이 꼬독꼬독한 전복 살도 맛있지만, 양념장에 엄지척을 할 정도로 양념장 맛이 아주 좋답니다. 당을 낮춘 양념장을 넉넉하게 만들어 육전, 조기구이, 꼬막찜, 도토리묵 등에도 활용해보세요.

재료 (1인분)

- 손질한 전복 3~4개(중간 크기)
- 양파 1/4개(30g)
- 대파 10cm(15g)
- 홍고추 1/2개
- 청양고추 1/2개

[양념장]
- 저염 맛간장 4숟가락
- (또는 양조간장 3숟가락)
- 다진 마늘 0.3숟가락
- 액상 알룰로스 0.3숟가락
- 고춧가루 0.3숟가락
- 참기름 0.3숟가락
- 통깨와 후추 약간

RECIPE

1. 양파, 대파, 홍고추, 청양고추를 잘게 다져 볼에 담고, 양념 재료를 모두 넣어 양념장을 만든다.

2. 깨끗이 손질한 전복 살을 4등분하여 한입 크기로 자른 후, 세척해둔 전복 껍데기에 담아 팬에 올린다.

3. 전복 1개당 살짝 간이 밸 정도로 양념장을 0.3숟가락 정도 골고루 펼쳐서 올린 다음, 팬 바닥에 깔릴 정도로 물을 붓고 뚜껑을 덮어 중불에서 4분가량 쪄낸다.
   찜기를 사용해도 시간은 비슷해요. 전복은 회로도 먹는 식재료이니 지나치게 오래 쪄서 질겨지지 않도록 주의!

4. 물이 다 증발하면 꺼내서 접시에 담고 양념장을 더 얹어서 예쁘게 플레이팅하면 완성!

TIP 만능 저염 맛간장

간장 대용으로 많이 사용하는 리퀴드 아미노스(키토 간장)가 제 입맛에는 정말 맞지 않더라고요. 그래서 조금이라도 맛있게 만들어 소진하고자 각종 채소와 버섯류, 액젓, 맛술, 생강진액, 물 등을 함께 끓여 '저염 맛간장'을 만들었어요. 꽤 괜찮은 맛이어서 이후에는 단맛이 적은 국간장을 사용해서 만들고 있습니다. 건더기 재료들의 양은 레시피대로 넣지 않아도 괜찮아요.

재료들을 모두 넣고 강불에서 15~20분 정도 끓여 한 김 식힌 후, 체에 걸러 통에 담아 냉장 보관하세요.

[건더기 재료] 대파 1뿌리, 작은 양파 1개, 마늘 10개, 청양고추 5개, 표고버섯 한 움큼, 통후추 0.3숟가락, 육수 한 알 1개(다시마물로 대체 가능)

[액체 재료] 리퀴드 아미노스(또는 국간장) 100ml, 맛술 50ml, 액상 알룰로스 20ml, 에리스리톨 30ml(알룰로스와 에리스리톨 둘 중 하나만 있다면 50ml), 까나리액젓 30ml, 생강진액 1숟가락, 물 300ml

통마늘 전복 버터구이  15분

연어, 새우, 전복 등 해산물 요리는 생으로 먹어도 맛있지만, 버터와 마늘을 넣고 조리하면 그 풍미가 한층 업그레이드됩니다. 앞서 소개한 양념장을 올린 전복찜은 한국식 조리법인데, 전복에 마늘과 버터라는 식재료만 추가하면 바로 서양식 요리로 탈바꿈해요. 여기에 전복죽까지 추가하면 전복이라는 하나의 식재료로 풍성한 식단이 만들어져요. 전복으로 배부를 때까지 먹기에는 아무래도 가격이 부담스럽죠. 전복찜과 전복 버터구이는 전채요리로 즐기고, 전복죽이나 전복 내장 볶음밥은 본식으로 하여 든든하고 맛있는 저탄수 한 끼 식사를 즐겨보세요.

재료 (1인분)

- 손질한 전복 3~4개(70~80g)
- 마늘 15~20톨
- 코코넛오일 2숟가락
- 무염버터 5~10g
- 소금 1꼬집
- 후추 1꼬집

RECIPE

1. 손질을 마친 전복에 칼집을 4번 낸다. 이때 칼집의 깊이는 절반 정도로 한다.
2. 팬에 코코넛오일을 두른 뒤 통마늘을 넣고 중불에서 5분 남짓 볶는다.
   올리브오일, 아보카도오일 등 평소 즐겨 사용하는 오일도 OK!
3. 마늘이 노릇노릇하게 익으면 칼집 넣은 전복을 넣고 중불에서 2~3분간 재빨리 익힌다.
4. 버터를 넣고 소금 1꼬집을 솔솔 뿌린 뒤, 버터가 다 녹을 때까지 통마늘과 전복에 버터향을 입힌 다음, 불을 끄고 후추를 뿌려서 마무리한다.
   가염버터라면 소금을 넣을 필요가 없어요.
5. 깨끗이 씻어둔 전복 껍데기에 통마늘을 4~5개 먼저 담고 그 위에 전복을 담아 플레이팅하면 완성!

KETO POINT

마늘은 당근, 대파와 더불어 탄수화물 함량이 다소 높은 채소로 알려져 있어요. 하루 섭취 순 탄수량을 엄격히 제한한다면, 통마늘을 반으로 잘라 반만 사용해 한 번에 섭취하는 양을 줄여도 되고 생략해도 무방해요. 통마늘을 기름에 익혀 마늘기름으로 향만 입히고 마늘은 일반식을 하는 이에게 양보하는 것도 괜찮은 방법이에요.

전복 내장볶음밥

 20분

저는 전복의 주인공이 전복살보다 전복 내장이라고 생각해요. 전복 내장을 곱게 갈아 양념한 후 끓여서 전복 내장 소스를 만들어 사용하면, 요리 전체에 전복 내장이 골고루 퍼져 풍미가 더 살아난답니다. 시판 굴 소스보다 백만 배는 맛있다고 자부해요. 전복 내장 소스를 사용해서 볶음밥을 만들면 굴 소스나 소금, 간장을 쓰지 않고도 게딱지 볶음밥 못지않게 훌륭한 맛을 낼 수 있어요.

재료 [2인분]

곤약 콜리밥 200g, 달걀 1~2개, 대파 15cm, 마늘 5~6톨, 코코넛오일 1숟가락, 버터 10g(생략 가능), 참기름 10g, 통깨 약간, 후추 약간

[**전복 내장 소스**] 전복 내장 80g(전복 6개 분량), 저염 맛간장 40g, 물 120ml, 맛술 1숟가락, 생강진액 1숟가락

1 믹서기에 전복 내장, 저염 맛간장, 맛술, 생강진액, 물 절반(60ml)을 넣고 함께 간다.
취향에 따라 곱게 갈아도 좋고, 중간중간 건더기가 씹히는 식감을 선호한다면 조금 덜 갈아도 좋아요.

2 ❶과 나머지 물(60ml)을 팬에 넣고 중불에서 반 정도로 양이 줄어들 때까지 바글바글 끓이면 전복 내장 소스 완성!
더 진하게 먹고 싶다면 취향에 맞게 더 졸여도 괜찮아요.

3 달걀 1~2개는 스크램블하고, 대파는 잘게 썰고, 마늘은 적당히 슬라이스한다.

4 팬에 코코넛오일을 두르고 잘게 썬 대파와 슬라이스한 마늘을 볶다가 곤약 콜리밥과 달걀 스크램블을 넣고 중불에서 3분 정도 볶는다.

5 재료가 한데 어우러지면 ❷의 전복 내장 소스를 간이 입맛에 맞을 때까지 한 숟가락씩 추가하며 볶는다.
마지막에 버터를 한 조각 넣어 살짝 버터향을 입히면 더 고소해요.

6 볶음밥을 그릇에 옮기고 남은 전복 내장 소스와 참기름, 통깨, 후추를 솔솔 뿌리면 완성!

육전&비빔냉면

 30분

명절 때 우리를 살찌게 만드는 주범 중 하나인 전. 하지만 밀가루를 생략하고 달걀옷으로만 육전을 만들면 훌륭한 키토식이 된답니다. 저칼로리 다이어터에게는 튀김 요리가 그림의 떡이지만 육전에 들어가는 고기, 달걀, 오일은 키토식의 대표적인 식재료니까요.
육전을 만들 때 꼭 소고기가 아니라 얇은 돼지고기 목살로 만들어도 맛있답니다. 저렴한 가격에 한 끼는 육전으로, 다음 끼니는 육전과 비빔냉면으로 멋진 두 끼를 먹을 수 있지요.
함께 먹으면 꿀맛인 새콤달콤 김치 무침도 소개하니 냉면 고명으로도, 밥반찬으로도 곁들여보세요.

재료 (1인분)

- [육전] 얇은 돼지고기 목살 150g, 달걀 2개, 오일 2숟가락, 소금 1꼬집, 후추 1꼬집
- [면] 냉면 굵기 곤약면 1팩(200g)
- [냉면 양념장] 사과 1/2개(150g), 양파 1/4개(60g), 청양고추 1개, 고춧가루 3숟가락, 간장 2숟가락, 액상 알룰로스 2숟가락 식초 2숟가락, 다진 마늘 1숟가락, 제로사이다 100ml, 통깨 1숟가락
- [김치 무침] 묵은지(또는 신김치) 100g, 통깨 1숟가락, 액상 알룰로스 0.3숟가락

육전

1. 키친타월로 핏물과 수분을 제거한 돼지고기 목살에 후추와 소금으로 살짝 밑간을 해둔다.
2. 넓적한 그릇에 달걀을 1~2개 풀어 얇은 고기가 찢어지지 않도록 살살 달걀옷을 입힌다.
3. 달군 팬에 오일을 두르고 중불에서 앞뒤로 1분씩 익힌다. 다 익은 후 한입 크기로 잘라 플레이팅하면 완성!

   고기가 얇으니 자주 뒤집지 말고 한 번만 뒤집는 것이 좋아요.

비빔냉면

1. 비빔냉면 양념장 재료를 한데 섞어 블렌더나 도깨비방망이로 간다.

   양념장은 냉장실에서 하루 숙성하면 양파나 과일의 풋내가 나지 않아요. 생과일과 생채소로 만들었으니 냉장 보관하며 3~4일 안에 드세요.

2. 물에 한 번 헹궈 물기를 뺀 곤약면 위에 양념장을 얹고, 취향에 따라 오이채나 어린잎 채소, 김가루, 김치 무침을 고명으로 얹어도 좋다.

   참기름을 제한하지 않는다면 먹기 직전에 취향껏(1숟가락) 추가하면 더 고소해져요.

김치 무침

1. 묵은지나 신김치를 한입 크기로 잘라서 준비한다. 살짝 물에 씻어서 사용하면 맛이 깔끔해진다.
2. 통깨와 액상 알룰로스를 모두 넣어 조물조물 무친다.

   참기름을 제한하지 않는다면 1숟가락 추가해도 좋아요.

라구 소스

 40분 이상   냉장 2~3일

냉장고에서 굴러다니는 자투리 채소들과 버섯, 다진 고기를 이용해 제대로 된 냉털요리를 만들고 싶은 날, 저는 라구 소스를 만듭니다. 이탈리아 요리에서 '라구'는 파스타에 버무리는 미트소스의 일종이에요. 원래는 다진 소고기와 다진 돼지고기, 다진 양파와 다진 마늘을 토마토소스와 함께 넣고 1~2시간 오래도록 뭉근히 익히는 소스인데, 저는 30분 정도만 끓여 먹곤 해요. 30분만 조리해도 충분히 익지만, 라구 소스는 끓일수록 맛이 깊어지니 원하는 시간만큼 끓여서 맛있게 즐기세요. 냉털 요리답게 냉장고에 있는 어떤 채소를 준비해도 좋고, 여기에 소개한 재료보다 더 많은 양을 써도 괜찮아요.

재료 (4인분)

- 다진 돼지고기 250g
- 다진 소고기 250g
- 양파 1개(300g)
- 대파 1~2대(취향껏)
- 양송이나 새송이버섯 200g
- 통마늘 5쪽(생략 가능)
- 맛술 1숟가락
- 물 200ml 이상
- 토마토소스 500g
- 이탈리안 허브 시즈닝 1숟가락
- 파마산치즈 1숟가락(생략 가능)

1 양파, 대파, 버섯, 통마늘을 취향껏 다진 다음, 달군 팬에 오일을 두른 뒤 넣고 강불에서 볶는다.

씹는 식감을 좋아한다면 다소 큼직하게, 소스와 재료가 잘 융화되는 게 좋다면 작게 다지세요.

2 ❶에 키친타월로 핏물을 제거한 다진 소고기와 다진 돼지고기를 넣고, 잡내 제거를 위해 무설탕 맛술을 1숟가락 넣은 뒤, 잘 섞으며 강불에서 5분 정도 익힌다.

돼지고기 또는 소고기 한 종류만 넣어도 괜찮아요.

고기 양이 많아 뻑뻑하다면 50~100g 정도의 물을 추가하여 볶아도 좋아요.

3 고기가 어느 정도 익으면 토마토소스를 붓는다.

좀 더 깔끔한 맛을 원한다면 토마토퓌레를 사용하세요.

4 물 100ml 정도를 추가한 후, 적어도 20~30분 정도 중불에서 뭉근히 끓인다. 마지막에 이탈리안 허브 시즈닝을 넣으면 라구 완성!

라구 소스는 오래 끓일수록 맛이 깊어지기 때문에 물을 더 추가해가며 1~2시간까지 끓여도 괜찮아요. 먹기 직전에 파마산 치즈를 넣어도 맛있어요.

TIP 라구 소스 활용법

라구 소스 속에는 고기와 여러 가지 채소가 들어가 단독 요리, 사이드 요리, 가니시, 소스 등으로 다양하게 활용할 수 있어요.

1. 라구 소스에 생크림이나 우유를 기호에 맞게 추가하면 로제 소스로 활용할 수 있어요.
2. 곤약 콜리밥에 라구 소스를 넣어 살짝 볶거나 비빈 다음 모차렐라 치즈를 얹어 전자레인지나 오븐에 넣고 조리하면 라구 치즈 그라탱이 돼요.
3. 가니시 소스 샐러드나 스테이크 요리, 달걀 요리의 토핑으로 사용해도 좋아요.

라구 소스

라구 소스 활용 요리

다이어트 피클

 TIME 20~30분   냉장 2주

저탄고지 식단을 하다 보면, 고기, 생선, 치즈, 크림 등 다소 묵직한 식재료를 많이 먹게 되죠.
이때 고기 요리와 느끼한 크림 요리를 상큼하고 가볍게 만들어주는 피클을 곁들여보세요. 설탕 대신 에리스리톨을, 식초 대신 애플사이다비니거를 사용하면 건강에도 좋은 다이어트 피클을 만들 수 있답니다.
피자나 파스타에 곁들이는 오이피클, 치킨에 곁들이는 치킨무 외에도 다양한 채소로 다이어트 피클을 만들어보면, 키토 식탁은 더욱 풍성해지고 키토식은 더욱 가벼워질 거예요.

KETO POINT

당근 라페, 양배추 라페가 오일과 식초 베이스에 절여 먹는 채소 요리라면, 피클은 감미료와 식초 베이스에 절여 먹는 요리예요. 지나친 오일 섭취를 피하고 싶은 키토인이라면 라페보다는 피클을 추천해요.

재료

무(깍둑썰기) 100g
무(채썰기) 100g
양배추 100g
적채 50g
오이 100g
파프리카 100g
오이고추 100g

[단촛물]

물 500ml
에리스리톨 150g
애플사이다비니거 150g
(다른 식초로 대체 가능)
소금 2숟가락
피클링스파이스 1~2숟가락
(취향껏)
월계수잎 5장(생략 가능)

RECIPE

1. 각 채소를 깍둑썰기 하거나 가늘게 채 써는 등 원하는 모양으로 잘라둔다.

   오이씨는 렉틴 문제도 있고 물렁물렁해서 식감도 좋지 않으니, 4등분해서 씨앗 부분을 제거하고 가늘고 길쭉하게 써세요.

2. 단촛물 재료를 냄비에 모두 넣고 강불에서 끓이되, 파르르 끓기 시작하면 바로 불을 끈다.

   피클링스파이스는 다시 백에 넣어서 끓여도 되고, 그냥 넣어 끓인 후 마지막에 거름망에 걸러도 돼요.

3. 뜨거운 단촛물을 준비한 채소에 부은 다음 식혀서 냉장 보관한다.

   뜨거운 물을 부을 때는 깨지지 않도록 반드시 내열 유리용기나 사기그릇을 이용하세요.

TIP 비싼 키토 단촛물, 재활용하세요

키토 식재료가 아무래도 일반 식재료보다 가격이 있다 보니 돈이 꽤 많이 들어가요. 그래서 이 레시피에서는 단촛물에 들어가는 에리스리톨과 애플사이다비니거도 되도록 아껴서 적은 양으로 피클을 만들었어요.

여기에 더해 단촛물을 재활용하는 방법을 알려드릴게요. 색이 없는 흰색 채소에 먼저 단촛물을 부어요. 뜨거운 단촛물이 어느 정도 식으면 밀폐용기에 옮겨 담아요. 이때 채소에서 나온 채수로 인해 단촛물의 양이 늘어나는데, 밀폐용기에 담을 때에는 채소가 살짝 잠길 정도로만 담기 때문에 단촛물이 많이 남게 되죠. 피클링 스파이스 다시 백이 담겨 있는 냄비에 남은 단촛물을 붓고 다시 팔팔 끓여서 오이나 파프리카, 적채 등 색깔 있는 채소에 부으면 재활용 완료!

재활용 순서를 반드시 기억하세요. 색깔이 연한 채소에서 진한 채소 순으로, 향이 약한 채소에서 진한 채소 순으로 단촛물을 부어야 합니다.

애플 브리 샌드위치  15분

두툼한 호밀빵에 한쪽 면에는 마요네즈, 한쪽 면에는 꿀을 바르고, 브리 치즈와 사과 슬라이스, 햄과 어린잎 채소를 켜켜이 쌓아서 만든 애플 브리 샌드위치. 애플 브리 샌드위치의 포인트는 살짝 느끼한 브리 치즈와 상큼한 사과, 달콤한 꿀의 '단짠단짠' 컬래버예요.

밀가루 빵 대신 달걀과 치즈로 만든 챠플(치즈+와플), 꿀 대신 알룰로스를 사용해서 탄수화물을 줄였답니다.

챠플은 피자 도우나 오픈 샌드위치에도 활용할 수 있으니, 한창 와플 열풍이 불 때 사두었던 와플 팬을 오랜만에 꺼내보세요.

재료 (1인분)

모차렐라 치즈 3숟가락(45~50g), 달걀 1개, 오일 약간 또는 버터 10g, 사과 1/2개(150g)
녹색 채소(시금치, 루콜라, 로메인, 어린잎 채소 등 기호대로) 한 줌(50g), 브리 치즈 60g
마요네즈 1숟가락, 액상 알룰로스 1숟가락

RECIPE

1   달걀과 모차렐라 치즈를 섞어서 준비한다.

2   예열한 와플 팬에 오일 스프레이를 살짝 뿌리거나 녹인 버터를 골고루 바른 뒤, 을 2/3 정도만 채워 넣고 앞뒤로 각 5분 정도 구운 후 식힘망에서 식힌다.

   와플메이커를 이용할 때도 마찬가지로 5분 정도 구워주세요.

3   챠플이 식는 동안 녹색 채소는 씻어서 물기를 빼두고, 브리 치즈와 사과를 슬라이스해 둔다.

   브리 치즈와 사과는 먹기 편하도록 너무 두껍지 않게 슬라이스하는 게 좋아요.

4   충분히 식힌 챠플을 반으로 갈라 한쪽 면에는 마요네즈를, 다른 한쪽 면에는 액상 알룰로스(꿀 대용)를 바른다.

   처음부터 두 재료를 섞어서 양쪽 면에 발라도 괜찮아요.

5   준비한 속재료를 켜켜이 쌓는다. 녹색 채소를 먼저 깔고, 그 위로 브리 치즈와 사과 슬라이스를 올린 뒤 챠플을 덮으면 애플 브리 샌드위치 완성!

땅콩버터 초콜릿칩 컵케이크

 5분

케이크나 쿠키에는 엄청난 양의 밀가루와 설탕이 들어가요. 하지만 클린한 다이어트 식단을 계속 먹다 보면 달달한 케이크 종류가 너무나 먹고 싶을 때가 있죠. 이럴 때 단것에 대한 욕망을 채워주는 동시에 포만감도 높여주는 디저트를 소개합니다. 바로 담백하고 고소한 빵과 쌉싸래한 무설탕 초콜릿이 조화를 이루는 땅콩버터 초콜릿칩 컵케이크예요. 디저트로도, 한 끼 식사로도 손색이 없답니다. 우유나 커피와 함께 먹으면 반만 먹어도 포만감이 있어서 저는 2번에 나눠 먹을 때도 많아요. 배달 앱 켜고 케이크 검색하지 마시고, 5분 만에 간단히 맛있게 만들어 드세요.

KETO POINT
저는 설탕 유무만 신경 쓰기 때문에 감미료를 넣은 제품도 크게 신경 쓰지 않고 사용해요. 이 레시피에는 설탕 대신 '말티톨'이라는 대체 감미료를 넣은 달달한 초콜릿칩을 사용했어요. 그래서 빵 반죽에는 알룰로스를 1숟가락만 넣었는데, 감미료를 넣지 않은 초콜릿 제품을 사용한다면 컵케이크가 다소 덜 달게 나올 수 있어요. 초콜릿 종류에 따라 반죽에 넣는 알룰로스의 양을 가감하세요.

재료 (1인분)

- 땅콩버터 3숟가락(45g)
- 액상 알룰로스 1숟가락
- 달걀 1개
- 베이킹파우더 1꼬집(생략 가능)
- 무설탕 초콜릿칩 1~2숟가락

내돈내산 추천제품
허쉬 무설탕 초콜릿칩

RECIPE

1. 땅콩버터, 액상 알룰로스, 상온에 둔 달걀, 베이킹파우더를 넣고 잘 섞어서 반죽한다.
   같은 분량의 분말 알룰로스나 에리스리톨로 대체 가능하고 베이킹파우더는 생략 가능해요.
2. 완성한 컵케이크에 토핑용으로 뿌릴 분량을 약간 남겨두고, ❶에 무설탕 초콜릿칩을 취향껏 넣어 섞는다.
3. 머그잔이나 작은 그릇, 혹은 머핀컵에 반죽을 넣고 윗부분을 평평하게 다듬는다.
4. 전자레인지에 1분간 돌린 뒤 남겨둔 초콜릿칩을 위에 뿌리면 초간단 컵케이크 완성!
   토핑용 초콜릿칩을 전자레인지에서 갓 꺼낸 컵케이크 위에 올리면 잔열로 인해 먹음직스럽게 살짝 녹아요. 시간이 지나면 수분이 날아가기 때문에 촉촉한 컵케이크를 즐기려면 만든 후 바로 드세요.

TIP

빵 식감, 쿠키 식감! 두 가지 버전으로 즐겨요!

9×4.5cm 크기의 램킨볼은 여러모로 활용도가 높아요. 오븐에 구워서 그대로 상에 올릴 수 있어 편리하죠. 이 레시피대로 만들면 램킨볼 2개 분량이 나와요. 왼쪽 사진은 달걀 1개를 온전히 다 넣어 만든 것이고, 오른쪽 사진은 노른자만 이용해서 만든 거예요. 왼쪽은 빵 식감, 오른쪽은 쿠키 식감으로 맛볼 수 있어요.

빵 식감

쿠키 식감

치즈 당근 우삼겹말이

 15분

구워 먹는 치즈는 맛은 훌륭한데 구울 때 모양이 그리 예쁘지 않더라고요. 치즈를 맛도 좋고 보기에도 좋게 만들 수 없을까 궁리하다가 강릉 중앙시장의 '치즈 김치말이 삼겹살'이 떠올랐어요.
삼겹살보다 요리 시간이 짧은 우삼겹에 나트륨 덩어리 김치 대신 당근 라페를 곁들였더니, 와인 안주로도 훌륭하고 한 끼 식사로도 훌륭한 치즈 당근 우삼겹말이가 탄생했답니다.
취향에 따라 발사믹 소스나 겨자간장에 찍어 먹거나, 약간의 와사비를 얹어 먹어도 좋지만, 치즈와 당근 라페의 풍미가 워낙 좋아서 그냥 먹어도 맛있어요. 상큼한 레몬 탄산수와 궁합이 좋아요.

KETO POINT
당근의 탄수 함량이 걱정된다면 양배추 라페나 무 라페로 변경해도 괜찮아요(100g당 탄수화물 함량: 당근 10g, 양배추 5g, 무 4g). 양배추나 무로 라페를 만들 때도 당근 라페 때와 동일한 재료 비율로 만들면 됩니다.

재료 (1인분)

우삼겹 300g
후추 약간
구워 먹는 치즈
(또는 스트링치즈) 100g
당근 라페 200g

내돈내산 추천제품
구워 먹는 치즈(선서오메가)
구워 먹는 치즈(동원 덴마크)
임실 구워 먹는 치즈
(편의점 스트링 치즈도 좋아요.)

RECIPE

1. 우삼겹을 길게 펼쳐 후추를 살짝 뿌리고, 우삼겹 너비에 맞게 자른 치즈와 미리 만들어 둔 당근 라페를 넣고 돌돌 만다. 치즈 두께는 1cm 정도가 적당하다.

2. 1분 정도 예열한 팬에 종이호일을 얹고 돌돌 만 우삼겹을 넣어 중불에서 3~5분간 모든 면을 골고루 굽는다.

   우삼겹에서 기름이 많이 나오므로 따로 오일은 두르지 않아요. 에어프라이어나 오븐 조리 시, 예열 없이 180℃에서 6분, 뒤집어서 4분 정도 더 익히면 돼요.

3. 치즈와 당근은 그냥 먹어도 되는 식재료라 소고기 겉만 노릇노릇하게 구우면 완성!

   치즈가 흘러나오거나 어느 특정 부분만 타는 것을 방지하기 위해, 팬에서 눈으로 확인하면서 구웠어요. 어느 정도 익혀야 할지 모르겠다면 하나만 꺼내 반을 갈라 속 상태를 확인하고 마음에 드는 상태까지 익힌 후 드세요.

TIP

당근 라페 만드는 법

당근 라페는 다소 느끼할 수도 있는 치즈와 고기의 맛을 상큼하게 잡아주고 아삭거리는 식감을 추가하는 역할을 합니다. 바로 먹어도 좋지만, 최소 1시간 이상 냉장실에서 숙성 후 먹으면 더욱 맛이 좋아요. 1~2주 냉장 보관이 가능해요.

[재료] 당근 2~3개(약 300g), 소금 1/2큰술, 올리브오일 4숟가락, 레몬즙 2숟가락, 홀그레인 머스타드 2숟가락, 액상 알룰로스 1숟가락, 후추 1꼬집

1. 깨끗이 씻어 껍질을 벗긴 당근을 채칼로 가늘게 채 친 후 소금을 뿌려서 10분 정도 절여둔다.
2. 올리브오일, 레몬즙, 홀그레인 머스타드, 액상 알룰로스, 후추를 섞어서 소스를 만든다.
3. 소금에 절여둔 당근 채를 꽉 짜 물기를 제거한 후, 만들어둔 소스에 넣고 버무리면 완성!

토마토 마리네이드

 15분  냉장 1주

고기나 생선 등을 미리 양념장에 재워두는 것을 '마리네이드'라고 해요. 토마토를 오일, 식초 등에 절인 토마토 마리네이드도 많이들 좋아하시죠?

토마토 마리네이드는 다소 묵직할 수 있는 저탄고지 식단을 한층 가볍게 해주고, 메인 요리를 한층 상큼하게 만들어줘요.

고기 요리뿐 아니라 연어 스테이크와 같은 생선 요리와 곁들여도 좋고, 아보카도 명란 비빔밥에도 곁들이면 자칫 느끼할 수 있는 아보카도의 맛을 상큼하게 잡아주고 짤 수 있는 명란 맛을 중화해준답니다.

토마토를 다 건져 먹고 남은 소스는 샐러드드레싱으로 사용해 보세요.

이탈리안 드레싱이나 발사믹 드레싱 부럽지 않게 감칠맛 나고 훌륭한 샐러드드레싱이 돼요.

재료

방울토마토 1kg
양파 1/2개(100g)
소금 1꼬집
파슬리 1꼬집(생략 가능)

[소스]
올리브오일 8숟가락
발사믹 식초 4숟가락
액상 알룰로스 2숟가락
레몬즙 1숟가락
애플사이다비니거 1숟가락
다진 마늘 1숟가락

RECIPE

1 깨끗이 씻은 방울토마토의 꼭지 부분에 십자로 칼집을 내고, 끓는 물을 부어 1분 정도 데친다.

2 데친 방울토마토를 재빨리 찬물에 헹궈 껍질을 벗긴다.
   십자로 칼집을 낸 부분부터 벗기면 껍질을 쉽게 벗길 수 있어요.

3 양파를 잘게 다진 후 소스 재료를 넣어 샐러드드레싱을 만든다.
   남은 소스를 샐러드드레싱으로 넉넉하게 사용하고 싶다면 양파를 1개까지 늘려도 OK!

4 껍질 벗긴 방울토마토에 드레싱을 넣고 버무린 후 소금과 파슬리를 뿌려 섞고 밀폐 용기에 담아 하루 동안 냉장 숙성하면 완성!
   바로 먹어도 맛있지만, 하루 동안 냉장 숙성하면 더 맛있어요!

키토오리

저탄수 ■■■■■ 중단백 ■■■■■ 고지방 ■■■■■

이름: 정지은 | 39살 | 4kg 감량 | 키토식 4년차 | 감량템: 코코넛밀크 | 증량템: 뭐든 많이 먹으면 찌는 몸
키토 애정템 TOP 3: 기, 버터, 코코넛밀크 | 챙겨 먹는 영양제: 요오드, 아연, 셀레늄, 비타민C, 비타민D

 keto_ory ▶ 키토오리

Q. 키토식을 시작한 계기는?

✦ 승무원이라 유니폼을 입어야 하다 보니, 조금만 체중이 늘어도 바로 티가 났어요. 평소 50~52kg을 유지했는데, 어느 날 갑자기 55kg까지 훅 늘더라고요. 그때 〈지방의 누명〉이라는 프로그램을 보고 저탄고지 식단으로 단기간에 탄수화물만 줄이는 다이어트를 시작했어요. 이후에 케톤, 케톤 대사의 원리, 인슐린저항성증후군 등등 키토제닉을 제대로 공부했죠. 좋은 식재료를 선정하고 케톤과 혈당 수치를 모니터하면서 본격적인 키토식을 시작하게 되었어요.

Q. 직접 체험한 키토식의 장점은?

✦ 키토식으로 최대 48.5kg까지 몸무게를 줄였고, 현재는 51kg을 유지하고 있어요. 몸무게가 많이 빠진 건 아니지만, 식단 전에는 불규칙한 비행 스케줄로 늘 피곤하고 퀭했는데 키토식을 시작한 이후로 몸이 훨씬 가벼워지고 비행 후 몸이 붓던 증상도 사라졌어요. 게다가 2019년 2월 난자동결을 했었는데, 당시 35살이던 난소 나이가 2021년 5월에는 28살로 젊어졌답니다.
살면서 요즘처럼 먹는 거에 진심이었던 적이 없어요. 불규칙하고 바쁜 비행 스케줄 때문에 제게 식사는 늘 '때운다'는 개념이었는데, 지금은 '어떻게 하면 맛있게 요리해서 제대로 영양을 채울까'로 바뀌었어요.

Q. 키토식의 힘든 점은?

✦ 비행기 안에 넘쳐나는 맛있는 음식들과 그걸 바라보기만 해야 하는 나. 제가 근무했던 항공사는 특히 기내식이 맛있는 걸로 유명한데, 이에 대한 식욕을 억누르는 게 가장 힘들었어요. 크루아상을 서비스하면서 눈으로 백번은 먹지만, 입으로는 먹지 않으려는 내적 싸움이 가장 어려웠죠.
외항사라 다행히 식사도 따로 하고, 회식도 없어서 도시락을 들고 다니며 식단을 유지했어요.

Q. 키토 초보자에게 추천하는 식재료나 요리도구는?

✦ 단연 기(Ghee)예요. 따뜻한 차 한 잔에 한 스푼을 더하면 최고의 방탄 차가 되고, 채소 볶을 때 넣으면 고소한 향기 덕에 음식이 한층 더 맛있게 느껴져요.
블렌더와 전동거품기도 장만하면 편해요. 방탄커피를 만들 때 블렌더로 충분히 갈면 지방이 잘게 쪼개지는 미셀화가 충분히 잘되어 지방을 몸에 빠르게 흡수시킬 수 있어요. 한국에는 성분 좋은 방탄커피가 있지만, 외국에 사는 저는 구하기가 어려워 직접 이렇게 만들어 먹었어요.
그리고 MCT오일 캡슐도 간편하게 휴대하며 부족한 지방을 채울 수 있어서 추천해요.

"세계를 돌아다니며 다양한 키토식 아이디어를 얻었어요!
불규칙한 생활로 늘 피곤했는데
키토식 덕분에 가벼운 몸과 삶의 활력을 얻었고,
난소 나이까지 젊어졌어요."

Q. "안 사도 돼요!" 하는 아이템은?

✦ 키토 간식. 저도 가끔 키토 간식을 먹기는 하지만, 쟁여 두고 먹지는 않아요. 탄수화물과 과당이 높은 일반 간식보다야 낫지만, 시판하는 키토 간식도 많이 먹는 건 결코 좋은 식습관은 아니거든요. 간식으로 식사를 때우지 말고, 간단하더라도 좋은 식재료로 직접 요리해 드세요.

Q. 나만의 키토식 룰은?

✦ 케톤 수치에 너무 집착하지 않아요. 저도 예전에는 '내가 제대로, 잘하고 있는 걸까?' 하며 매일 케톤 수치를 체크했어요. 그러다 보면 스트레스받아 기분도 오르락내리락하고, 식단 플랜도 그때그때 수정하곤 했어요.
하지만 키토식 4년차인 지금은 안정적인 혈당을 유지하며 인슐린 저항성 개선에 포커스를 두고 있어요.
탄수화물을 10~20g으로 제한하던 초기와 달리 현재는 클린 탄수화물을 50g까지 늘렸고, 일주일에 하루는 100g까지 늘리기도 해요. 베리류 외에는 과일을 안 먹었는데, 지금은 과일 한두 조각 정도는 먹어요. 하루하루 식단이 더 재밌어지고, 스트레스도 덜 받고, 삶의 활력도 더 느껴져요.
올해 4월부터는 싱가포르에서 유부오리로 인생의 새로운 챕터를 시작했어요. 비행과는 아쉽게 작별했지만, 싱가포르에서도 맛있고 신나는 키토 라이프를 즐겨보렵니다!

코코넛 치킨 수프

 40분

한국에 대표 보양식으로 닭죽이 있다면 서양에는 영혼까지 따뜻하게 해준다는 '치킨 수프'가 있어요. 감기에 심하게 걸린 날, 함께 살던 타이 친구가 코코넛 치킨 수프를 해주었었는데 그때 그 맛을 잊을 수가 없었어요. 고소하면서도 온몸이 따뜻해지는 그 느낌이 좋아, 아프지 않더라도 종종 만드는 메뉴인데 레시피도 엄청 간단하답니다. 채소의 양은 본인의 키토 단계에 따라 조절하고, 레시피에 소개한 채소 외에도 대부분의 채소와 잘 어울리니 참고하세요.

재료 [2인분]

- 닭다리 500g
- 코코넛밀크 500ml
- 당근 60g
- 호박 60g
- 가지 50g
- 양송이버섯 30g
- 소금 1/3숟가락
- 후추 1/3숟가락

내돈내산 추천제품
- 암파와 코코넛밀크
- 차오코 코코넛밀크

RECIPE

1. 깨끗하게 씻은 닭다리를 80% 정도 익을 만큼 10분간 삶는다(찌면 20분).
2. 냄비에 먹기 좋은 크기로 썬 당근, 호박, 가지, 양송이버섯을 코코넛밀크와 함께 넣고 중불에서 5분간 끓인다.
3. 채소와 버섯이 다 익을 때쯤 미리 익혀둔 닭다리를 넣고, 소금과 후추로 간을 한다.
4. 약불로 10분 정도 더 끓이면 완성!

매운맛을 좋아하면 크러쉬드 레드페퍼나 매운 고추를 추가하세요.

코코넛밀크 100%로 만든 코코넛수프는 80ml당 지방 14g, 탄수화물 1g(당 1g)으로 클린 키토식을 위한 완벽한 재료입니다.

콩 없는 타히니 콩국수

 10분

50℃를 넘나드는 뜨거운 중동 사막에서 시원한 콩국수는 더위를 잊기에 최고의 한 끼인데, 키토식을 시작한 후에는 제 소울푸드인 콩국수를 먹지 못해 너무나 아쉬웠어요. 그래서 콩국수를 키토식에 어울리게 먹는 방법을 고민하다가 탄생한 콩 없는 콩국수랍니다. 저는 구운 참깨 페이스트인 타히니에 땅콩버터를 더해 콩국수 맛을 냈어요. 타히니는 중동뿐만 아니라 북아프리카, 지중해 요리에서 다양하게 쓰이는데 후무스, 무타벨 등 아랍 샐러드에 주로 쓰인답니다. 타히니 소스와 땅콩버터는 유기농 제품이나 GMO 표시가 없는 제품으로 선택하세요.

재료 (1인분)

곤약면 200g
타히니 70g
땅콩버터 60g
소금 1/2숟가락
삶은 달걀 1개
물 300ml

RECIPE

1. 땅콩버터와 타히니, 물, 소금을 넣고 블렌더로 10~15초 정도 살짝 간다.
   땅콩버터는 크리미하거나 크런치한 것 둘 다 괜찮지만, 식감은 크런치한 것이 더 좋아요.

2. 헹군 후 물기를 제거한 곤약면과 얼음을 그릇에 담는다.
   해초국수, 천사채 등 본인 취향에 맞는 저탄수면으로 즐겨보세요.

3. ❶에서 준비한 국물을 붓고, 기호에 따라 달걀, 오이 등을 곁들인다.

TIP

3분 완성, 홈메이드 타히니 소스

중동 지역 음식에서 빼놓을 수 없는 타히니는 항산화물질이 풍부하면서 지방은 가득해, 키토식에 활용하기 좋은 소스입니다. 집에 참깨가 있다면 타히니 소스를 간단히 만들 수 있어요. 구운 참깨 3컵을 블렌더에 넣고 1분간 간 다음, 올리브오일을 2숟가락 넣고 추가로 1분 30초간 갈면 타히니 소스가 완성됩니다.

코코넛 돼지 스튜

 1시간 20분

'인스방파'! 인도, 스리랑카, 방글라데시, 파키스탄 비행은 특별 기내식이나 음료 요청 등이 유난히 많아 쉴 시간이 없어 힘들었어요. 그러나 비행기에서 내리기만 하면 식도락 천국이 펼쳐진답니다.
음식이 맛있는 건 물론이고 향신료 덕분에 맛이 무척 다양하거든요.
인스방파 중 어딘가에서 코코넛밀크 베이스의 베지 스튜를 먹었는데, 정말 고소하고 맛있어서
'언젠가 돼지고기로 만들어봐야지!'라고 생각했답니다. 등갈비 핏물도 미리 빼야 하고,
약불로 천천히 조리할수록 고기가 부드러워지고 맛있어지는 스튜인지라 정성이 필요한 요리예요.
그래도 노력과 시간 투자를 배신하지 않는 만족도 높은 특식 요리랍니다.

KETO★POINT

아라비아검을 넣으면 탄수화물 없이 고구마 전분처럼 반죽의 쫀득한 느낌을 재현할 수 있어요. 카시아 수액을 굳혀 만든 천연 검으로, 식품의 점착성 및 점도를 높이는 천연 식품 첨가제입니다.

재료 (2인분)

돼지 등갈비 500g
코코넛밀크 250ml
가지 70g
당근 60g
브로콜리 40g
양송이버섯 20g
토마토퓌레 2숟가락
다진 양파 1숟가락
다진 마늘 1/3숟가락
다진 셀러리 2/3숟가락
소금 1/3숟가락
후추 1/3숟가락
올리브오일 1숟가락

1 달군 팬에 올리브오일을 두른 뒤, 다진 양파를 넣고 노릇해질 때까지 약불에서 5분간 볶는다.

2 양파가 투명해질 때쯤 다진 마늘과 다진 셀러리를 넣고 약불에서 3분간 볶는다.

3 마늘이 익으면 핏물을 빼고 깨끗이 씻은 돼지 등갈비를 넣고 소금과 후추로 간을 한다. 중불에서 8~10분 정도 고기를 볶으며 익힌다.

4 먹기 좋은 크기로 썬 채소와 양송이버섯, 토마토퓌레를 넣고 골고루 섞는다.
토마토소스를 넣어도 괜찮은데, 토마토퓌레가 좀 더 걸쭉해요.

5 코코넛밀크를 붓고 약불에서 1시간 동안 들러붙지 않게 중간중간 한 번씩 저으며 끓이면 완성!
취향껏 매운 고추나 크러쉬드 칠리를 넣어도 OK!

TIP

돼지 등갈비 핏물 빼는 법

돼지 등갈비는 찬물에 적어도 3시간 이상 담가 핏물을 제거해줍니다. 중간에 물을 한 번 바꿔도 좋아요. 핏물을 제거하면 고기가 더 부드럽고 맛있어진답니다.

팟 끄라파오 무쌉
(바질 돼지고기 볶음)

 20분

승무원 최애 도시는 바로 죽어서도 그리워할 방콕이에요. 맛있는 음식이 많은 만큼 유혹이 많아 키토인에게는 위험한 곳이기도 하죠. 더운 날씨로 인해 설탕이 많이 들어가는 동남아 음식 특성 때문에 팟 끄라파오 무쌉을 직접 만들어 먹어요.
태국어로 '팟'은 볶다, '끄라파오'는 바질, '무쌉'은 다진 돼지고기를 뜻해요. 이름만 봐도 어떤 요리일지 감이 오시죠?
볶기만 하면 되는 간단한 요리예요. 저는 밥 대신 삶은 달걀을 으깨서 곁들여 먹거나 달걀 프라이를 넣어 먹는 편이에요.
밥과 함께 먹는다면 본인의 탄수 허용 범위에서 조절해 드세요.

재료(1인분)

- 다진 돼지고기 300g
- 달걀 1개
- 매운 고추(작은 것) 2개
- 굴소스 2숟가락
- 피시소스 1숟가락
- 스테비아 20g
- 다진 마늘 1/3숟가락
- 바질 1/3숟가락
- 올리브오일 약간

RECIPE

1 달군 팬에 올리브오일을 두르고 다진 마늘, 잘게 썬 매운 고추를 중불에서 5분간 볶는다.
   올리브오일을 강한 불에서 조리하면 산화되므로, 반드시 약불이나 중불에서 조리하세요.

2 마늘과 고추 향이 올라오면 다진 돼지고기를 넣고, 중불에서 10~12분간 볶아 충분히 익힌 뒤 바질을 넣는다.
   다진 돼지고기는 키친타월로 눌러 핏물을 미리 제거하세요. 바질향을 좋아한다면 더 넣어도 OK!

3 굴소스, 피시소스, 스테비아를 넣고 중불에서 8분간 졸이면서 볶는다.
   스테비아는 같은 분량의 알룰로스로 대체 가능해요.

4 반숙 달걀 프라이를 올리면 완성!

싱가포르 스타일 피시 수프

TIME 30분

싱가포르의 호커센터는 싸고 맛있는 로컬 음식을 맛볼 수 있어 늘 인기만점인 곳이죠.
이곳의 수많은 메뉴 중 시원한 국물 맛이 일품인 피시 수프의 클린 키토 버전을 소개합니다.
싱가포르에서는 코로나에 걸리면 이 피시 수프를 삼시세끼 먹는다고 할 만큼 입맛을 살리고 에너지를 채워주는 음식이랍니다.
생강 베이스의 국물 맛이 끝내주지요. 튀긴 생선을 올린 프라이드 피시 수프와 흰살 생선을 그대로 넣어 끓인
화이트 피시 수프의 두 가지 버전으로 만들 수 있으니 취향껏 선택하세요.

재료 (1인분)

슬라이스 흰살 생선 180g
타피오카가루 2숟가락
코코넛오일 80g
토마토 1/2개(80g)
초록잎 채소 40g(청경채, 배추 등)
생강 슬라이스 30g
키토 간장 1숟가락
소금 2/3숟가락
후추 2/3숟가락
육수팩
물 500ml

RECIPE

1. 냄비에 물과 육수팩을 넣은 다음, 강불에서 7분간 끓여 육수를 만든다.
   베지스톡 또는 다시팩도 OK!

2. 육수가 끓는 동안 슬라이스 흰살 생선에 소금(1/3숟가락)과 후추(1/3숟가락)로 간을 하고 키토 간장을 뿌린다.

3. ❷의 흰살 생선에 타피오카가루를 앞뒤로 넉넉하게 묻힌다.

4. 코코넛오일을 팬에 붓고 중불에서 10분 정도 달군 뒤, ❸의 흰살 생선을 넣어 바싹하게 튀긴다. 튀긴 생선은 체에 밭치거나 키친타월로 눌러 기름을 뺀다.
   튀긴 생선이 부담스럽다면 3~4번 과정을 생략하고, 5번으로 넘어가 흰살 생선을 함께 넣고 끓이세요.

5. ❶의 육수에 소금(1/3숟가락), 후추(1/3숟가락), 생강 슬라이스, 토마토, 초록잎 채소를 넣고 중불에서 3분간 더 끓인다.

6. 끓인 육수를 그릇에 담고 튀긴 생선을 올리면 완성!

TIP 튀김 요리에 좋은 코코넛오일

튀김 요리에는 발화점이 낮아 강한 불로 요리하면 산화되는 올리브오일보다 발화점이 높은 코코넛오일이 더 적합해요. 하지만 코코넛오일은 상대적으로 가격이 비싸므로 작은 팬을 비스듬히 세워 조리하면 적은 양으로도 튀길 수 있어요.

치킨 티카마살라  2시간

인도 어느 집에서나 만들어 먹는 대표 음식이면서 영국인의 소울푸드로 선정되기도 한 치킨 티카마살라. 치킨 티카마살라는 요거트와 향신료로 재운 닭고기를 구운 뒤 토마토퓌레와 크림으로 부드러운 맛을 더해 밥과 빵, 어느 것과 먹어도 맛있는 음식이에요.

생크림과 버터가 가득한 치킨 티카마살라는 클린하게 만들면 키토식으로도 완벽해요. 우리나라도 집집마다 김치와 된장 맛이 다른 것처럼, 인도도 집집마다 치킨 티카마살라의 레시피가 다양하다고 해요. 할머니에게 전수받았다는 제 인도 친구의 레시피를 소개할게요!

재료 [2인분]

닭고기 500g, 다진 양파 60g, 올리브오일 3숟가락

[A] 요거트 150g, 레몬즙 1숟가락, 다진 마늘 1/3숟가락, 다진 생강 1/3숟가락, 칠리가루 1/3숟가락, 큐민 1/3숟가락
가람 마살라가루 1/6숟가락, 강황가루 1/6숟가락, 소금 1/3숟가락, 후추 1/3숟가락, 커리파우더 1/3숟가락(생략 가능)

[B] 버터 20g, 토마토퓌레 100ml, 다진 마늘 1/3숟가락, 다진 생강 1/3숟가락

[C] 생크림 150ml, 물 50ml, 칠리가루 2/3숟가락, 가람 마살라가루 1/6숟가락, 강황가루 1/6숟가락, 큐민 1/3숟가락

RECIPE

1. 깨끗이 씻은 닭고기에 재료 [A]를 넣고 섞어 1시간 동안 재워 숙성한다.
   닭의 어느 부위로 요리해도 괜찮지만, 단백질이 많은 닭가슴살보다는 지방질이 많은 부위가 더 적합해요.
2. 팬에 올리브오일을 넉넉하게 두르고, 숙성한 닭고기를 중불에서 15~20분간 뒤적이며 절반 정도 익힌다.
3. 또 다른 팬에 올리브오일을 두른 뒤, 다진 양파를 넣고 중불에서 5분간 볶는다.
   닭고기를 익히는 동안 양념이 바닥에 많이 눌어붙기 때문에 새로운 팬에 양파를 볶는 것이 좋아요.
4. 양파가 투명해질 때쯤 재료 [B]를 넣고 중불에서 5분간 끓인다.
5. 절반 정도 익혀둔 닭고기를 팬에 넣은 뒤, 재료 [C]를 넣고 중간중간 저으며 약불에서 20분간 끓이면 완성!

TIP

단계별로 향신료를 미리 계량해두세요

단계별로 들어가는 향신료가 자잘하게 많지만, 요리 과정 자체는 복잡하지 않아요. 단계별로 들어가는 향신료를 미리 계량해둔 뒤 요리하면 좀 더 수월해요.

분더브로트
(오트밀 견과 빵)

 2시간 10분   냉동 1달

세계 여러 나라 중에서도 장보기에 가장 좋은 도시는 독일이에요. 제품도 다양하지만 유기농 제품을 착한 가격에 살 수 있기 때문이죠. 저는 그중에서도 독일에서 쉽게 살 수 있는 저탄수 식이섬유 빵인 분더브로트를 특히 좋아해서 홈메이드로 만들어봤어요. 오트밀 견과 빵인 분더브로트는 정확히 계량하지 않아도 되고, 만드는 과정도 간단해서 쉽게 만들 수 있어요. 단독으로 먹어도 좋고, 일반 빵처럼 잼, 스프레드, 버터, 땅콩버터와 함께 먹어도 좋아요. 한 조각에 순 탄수 10g 정도이니, 각자 허용하는 탄수량을 고려해서 드세요.

재료

- 오트밀 2컵
- 아마씨가루 1컵
- 치아씨드 1컵
- 견과류 1컵
  (해바라기씨, 아몬드, 호두 등)
- 코코넛오일 1숟가락
- 스테비아 2숟가락
- 물 300ml

RECIPE

1. 모든 재료를 큰 볼에 넣어 골고루 섞는다.
   부푸는 빵이 아니어서 베이킹파우더는 필요 없어요.

2. 미지근한 물을 재료와 잘 섞이도록 2번에 나누어 천천히 넣어 섞는다.
   한꺼번에 물을 와락 넣어버리면 재료가 뭉쳐서 골고루 섞이지 않으니 주의!

3. ❷에 코코넛오일과 스테비아를 넣고 섞는다.
   스테비아(또는 몽크푸르트나 알룰로스) 대신 본인의 인슐린 저항성에 따라 꿀을 1숟가락 넣어도 괜찮아요. 저는 마누카꿀을 넣어 먹기도 해요.

4. 랩을 씌우거나 뚜껑을 덮어 상온에서 1시간 동안 둔다.
   이 과정을 거치지 않으면 구운 뒤 바스러져요.

5. 유산지를 깐 오븐 용기에 ❹를 담고, 180℃로 예열한 오븐에 넣어 1시간 동안 굽는다.

6. 막 구운 빵을 바로 자르면 바스러지기 쉬우므로 충분히 식힌 뒤 자르면 완성!
   얇게 잘리지는 않아 저는 3~5cm 정도 두께로 자른 후, 랩으로 소분해서 냉동실에 얼려뒀다가 자연 해동해서 먹어요. 레시피대로 만들면 9~10조각이 나와요.

KETO POINT

탄수화물 양을 더 줄여서 만들고 싶다면, 오트밀은 줄이고 그만큼 아마씨가루를 더하세요.
아마씨가루는 100g당 순 탄수화물 7g 정도로 저탄수 식단에 아주 좋은 재료랍니다.

무타벨

 1시간   냉장 2일

카타르에 10년 넘게 살면서 저는 아랍스타일의 애피타이저인 아라빅 메제를 무척 좋아하게 됐어요.
아라빅 메제에는 삶은 병아리콩을 으깬 후무스, 파슬리·민트·양파·토마토가 들어간 타볼레,
붉은 피망에 석류즙과 호두를 곁들인 무하마라, 잘게 다진 가지에 양파·토마토·올리브오일이 들어간 바바가노쉬,
으깬 가지에 마늘과 올리브오일을 더한 무타벨 등이 있어요.
아랍 사람들은 이 아라빅 메제들을 피타 브레드에 발라서 먹거나 코프타, 케밥을 먹을 때도 곁들여요.
그중에서도 지방이 풍부한 참깨 스프레드인 타히니를 더해 고소한 맛이 특징인 무타벨을 소개합니다.
스프레드처럼 발라 먹거나, 야채에 디핑 소스로 먹기 좋아요.

재료(1인분)

- 가지 1kg
- 타히니 2숟가락
- 그릭요거트 100g
- 레몬즙 1숟가락
- 다진 마늘 1/3숟가락
- 소금 1꼬집
- 올리브오일 2숟가락

1. 가지에 칼집을 내거나 포크로 찍어 구멍을 몇 군데 낸다. 쿠킹포일로 감싼 뒤 200℃로 예열한 오븐에 45~50분간 굽는다.
2. 구운 가지의 속만 긁어낸다.
3. ❷를 체에 받쳐 꾹꾹 눌러 물기를 빼고, 식감을 부드럽게 하기 위해 씨앗이 많은 부분은 걷어낸다.
4. ❸을 볼에 담고 타히니, 그릭요거트, 레몬즙, 다진 마늘, 소금 1꼬집을 넣고 블렌더로 간다.
5. 그릇에 예쁘게 담아 올리브오일을 가득 뿌리면 완성!

TIP

아랍의 애피타이저, 무타벨 맛있게 즐기는 법

1. 저는 무타벨에 올리브오일을 듬뿍 더한 다음, 와사크래커나 저탄수 식빵에 스프레드처럼 발라 먹어요. 때로는 당근이나 셀러리 등 다양한 채소에 디핑 소스처럼 활용해서 먹습니다.
2. 가지나 파프리카를 반으로 잘라 속을 파낸 뒤 무타벨을 넣고, 호두 같은 견과류를 토핑해 200℃로 예열한 오븐에 15분 정도 구워서 올리브오일을 듬뿍 뿌려 먹기도 해요. 포만감이 오래 간답니다.

얼큰 누들 수프  15분

왜 그런 날 있잖아요, 너무 피곤하고 힘들어 라면 한 그릇 후루룩 먹고 나서 자고 싶은 날! 그렇다고 라면을 먹고 자면 다음 날 팅팅 붓기 쉽죠. 키토 라면이 있다면 얼마나 좋을까 하던 차에 후배가 호주에서 베지스톡을 사왔다고 선물로 주었어요. 그런데 이 베지스톡을 넣었더니 신기하게도 라면수프와 똑같은 맛이 나더라고요.
해물라면과 미역라면이 생각나는, 일반 라면 맛의 92.98%를 재현한 키토 버전 얼큰 누들 수프를 소개합니다.

재료 [1인분]

베지스톡 1숟가락, 냉동 해물모둠 200g, 불린 미역 20g, 해초국수 180g, 고춧가루 1숟가락, 물 500ml

RECIPE

1   냄비에 물을 붓고 베지스톡을 넣은 다음 강불에서 끓인다.

2   끓기 시작하면 해동해 물에 씻어둔 해물모둠과 물에 불려 자른 미역을 넣고 중불에서 3분간 보글보글 끓인다.

3   ❷에 고춧가루를 넣고 해물이 다 익을 때까지 강불에서 5분간 팔팔 끓인다.
    고춧가루 대신 칠리가루를 넣어도 OK!

4   그릇에 해초국수를 넣고 국물을 부으면 완성!

KETO POINT

- 먹기 전에 버터 10~20g이나 MCT오일 10ml를 더 넣어 지방 함량을 높여도 좋아요.
- 해초 누들 대신 곤약면 같은 저탄수면은 괜찮으나, 두부면은 단백질 함량이 지나치게 높아지니 주의하세요.

TIP

라면수프 대신 베지터 고멧스톡

베지스톡은 요리할 때 시즈닝으로 자주 사용하는데, 저는 치킨스톡보다 덜 짜고 맛도 부드러운 베지스톡을 선호해요. '베지터(Vegeta) 고멧스톡'은 채소 건더기가 들어 있고, 라면 수프와 비슷한 맛이 나서, 어떤 요리에 넣어도 감칠맛을 더해주는 마법 가루와도 같답니다. 국내에서도 온라인으로 구입 가능해요.

브로콜리 & 콜리플라워 치즈 그라탱

 **40분**

제가 근무했던 항공사는 기내식이 맛있기로 유명한데, 그중에서도 유럽 노선 최고 인기 어린이 메뉴는 바로 치즈 그라탱이에요. 왜 그렇게 다들 '맛있다, 맛있다' 하는지 궁금해서 한입 먹어봤는데, 정말 눈이 번쩍 뜨이는 맛이더라고요. 우유와 밀가루가 아닌 생크림과 아몬드가루로 '루'를 만들어 키토식으로 재탄생한 유러피안 스타일 저탄수 치즈 그라탱을 소개합니다.

재료 [1인분]

콜리플라워 120g
브로콜리 120g
무염버터 25g
아몬드가루 30g
생크림 50ml
체다 치즈 80g
모차렐라 치즈 40g
소금 약간
후추 약간

1. 콜리플라워와 브로콜리를 먹기 좋은 크기로 썰고, 깨끗이 씻어 체에 밭쳐 물기를 제거한다.

2. 팬을 달군 뒤 약불에서 무염버터를 녹인다. 버터가 완전히 녹으면 아몬드가루를 넣고 섞은 뒤 생크림 50ml를 넣고 중약불에 7분간 끓여 루를 만든다.

   밀가루를 지방에 볶은 것을 루라고 해요. 수프, 스튜, 소스, 커리를 만들 때 쓰이는데 요리의 풍미를 높여주며 질감을 걸쭉하게 해줘요. 저는 무염버터를 사용했지만 가염버터를 사용해도 괜찮아요.

3. 루가 보글보글 끓어오르면 체다 치즈(40g)를 넣어 녹이면서 소금, 후추로 간을 맞춘다.

   소금과 후추는 취향껏 가감하세요.

4. 완성한 루를 오븐용 그릇에 펼치듯 깔고, 콜리플라워와 브로콜리를 올린다. 그 위에 다시 루를 올리고 층층이 쌓는 느낌으로 콜리플라워와 브로콜리를 다시 올린다.

5. 남은 체다 치즈(40g)와 모차렐라 치즈를 올리고 200℃로 예열한 오븐에 30분간 구우면 완성!

러빙로그

저탄수 ■■■■■ 중단백 ■■■■■ 고지방 ■■■■■

이름: 실비아 한 | 43살 | 키토식 3년차 | 8kg 감량 | 감량템: 잎채소 | 증량템: 치즈
키토 애정템 TOP 3: 달걀, 아보카도, 잎채소 | 챙겨 먹는 영양제: 종합비타민, 비타민B, C, D, 오메가3

📷 lovinglog_   ▶ lovinglog

Q. 키토식을 시작한 계기는?

✦ 저는 현재 미국 캘리포니아에 살고 있어요. 코로나로 재택근무를 하게 되면서 활동량이 확 줄어드니까 살이 많이 쪘죠. 체중이 늘어나니까 몸이 많이 붓고, 관절에도 부담 가고, 컨디션도 안 좋아지더라고요. 키가 158cm인데 64kg까지 늘어서, 더는 안 되겠다 싶어 키토식을 다시 시작했어요. 배부른데도 계속 먹는 식습관을 고치기 위해 2017년에 6개월 정도 키토식을 했는데, 그때 체중감량이 잘됐고 컨디션도 좋았거든요. 당시에도 살이 많이 빠졌지만, 연말에 모임이 많아지면서 일반식으로 돌아갔어요.

Q. 직접 체험한 키토식의 장점은?

✦ 전체적으로 컨디션이 좋아졌고, 특히 콘택트렌즈 도수를 2단계 낮출 정도로 눈 건강이 좋아졌어요. 키토식을 하기 전에는 돼지고기를 먹으면 설사를 하곤 했는데, 키토식을 한 후에는 그런 증상이 사라졌고요.
일반식을 할 때는 아무래도 나 편한 대로, 내가 먹고 싶은 음식을 먹었어요. 그런데 키토식은 여기에 해당하는 음식만을 먹어야 하니까, 뭘 먹을지 심플하게 그리고 빨리 결정해야 해서 오히려 음식의 유혹에 빠지지 않게 되더라고요. 가족들도 "나 지금 키토식 중이야."라고 하면 다른 음식을 권하지 않아 참 고마웠어요.

Q. 키토식의 힘든 점은?

✦ 미국은 샐러드나 고기를 먹을 수 있는 식당도 많지만, 식전 빵부터 시작해 튀김, 빵, 면 등 탄수화물 비중이 높은 식당이 훨씬 많아요. 외식할 때면 상대방이 날 배려하느라고 어디를 갈지, 뭐를 시킬지 고민하는 게 싫어 키토식을 내려놓는 경우도 많았어요. 나를 이해해주는 가족과 친구랑 외식할 때는 스테이크, 연어 샐러드 같은 메뉴를 골랐지만요.
그리고 일반식을 하는 남편과 중학생 아들을 위한 음식과 키토식을 하는 나를 위한 음식을 따로 만들어야 하는 거랑 장보는 게 좀 귀찮았어요.
다행히 키토식으로도 내가 좋아하는 음식을 만들 수 있었고, 설탕 대체제(스테비아, 몽크푸르트, 알룰로스, 에리스리톨 등)와 밀가루 대체제(아몬드가루, 코코넛가루 등)가 다양해서 키토식 요리가 어렵지는 않았어요. 일반식을 하는 가족과 함께 먹을 수 있는 키토식을 열심히 궁리해 따로 요리하는 수고도 줄였고요.
그리고 미국은 한국에 비해 키토식에 대한 편견이 별로 없어요. 카페에서 우유 대신 헤비크림이나 하프앤하프 우유로 대체한 노슈가 바닐라 라떼를 주문하며 키토식을 한다고 스몰토크를 하면, 대부분 "나도 했었어." 내지는 "나도 다시 시작해야 하는데.", "와, 응원해!"라는 반응이 대부분이에요.

"인생이 심플해지는 울타리 같은 키토식!
코로나 때 재택근무를 하며 불어난 살과 나빠진 컨디션,
건강한 탄수와 질 좋은 지방, 단백질을 챙겨 먹는
키토식으로 해결했어요!"

Q. 키토 초보자에게 추천하는 식재료나 요리도구는?

✦ 달걀, 버터, 아보카도, 고기는 소분해서 보관하기도 편하고, 빠른 요리가 가능한 식재료라 추천해요. 그리고 식재료 외에 에릭 버그(Dr. Eric Berg) 박사의 유튜브도 추천해요. 나에게 맞는 키토식을 알려면 다방면으로 공부가 필수예요. 저는 버그 박사가 알려주는 키토제닉이 가장 잘 이해되고, 건강하게 키토식을 하는 방법이라고 판단했어요. 버그 박사는 건강한 키토(healthy keto)를 주장하는데, 그러려면 식재료의 좋은 성분을 따지고 잎채소를 통한 건강한 탄수화물 섭취해야 한다고 강조해요.

Q. "안 사도 돼요!" 하는 아이템은?

✦ '비싼' 키토 간식이요. 아무리 좋은 식재료라 해도 너무 비싸면 부담되고, 지속하기가 어려워요. 어쩌다 한번 먹으려고 사는 비싼 키토 간식들 때문에 키토식 자체가 돈이 많이 드는 것처럼 보이는 점도 간과하면 안 될 것 같아요.

Q. 나만의 키토식 룰은?

✦ 키토식단을 하면서 저탄수 고지방에만 초점을 맞추고 재료 자체에는 신경 쓰지 않는 분들도 있는데, 저는 건강해지려고 하는 키토식이기 때문에 식재료의 성분이 건강한지를 꼼꼼히 따져요. 그래서 식재료를 살 때 반드시 성분표를 확인하고, 내가 모르는 재료가 들어있다면 탄수가 낮아도 안 사는 편이에요.

거의 매일 먹는 달걀, 버터의 경우에는 자연방목 달걀과 목초 우유로 만든 버터를 먹었어요.
탄수는 거의 채소로 섭취했는데, 구운 야채를 넣은 샐러드에 치즈, 견과류, 달걀 등을 다양하게 토핑한 도시락도 자주 먹었어요.

지금은 키토식을 쉬고 있어요!

✦ 제 경우는 살을 빼려면 수면의 질이 좋아야 하고, 스트레스를 안 받아야 하더라고요. 그런데 코로나 시국이 끝나서 외부에 나갈 일이 많아지고, 사업적으로도 바빠져 잠잘 시간도 줄고 스트레스가 많아졌어요. 상황이 이러니 식단을 잘 해도 살은 잘 안 빠지고, 음식에 대한 욕구는 더 늘었어요. 바빠서 재미없게, 맛없게 요리하니 만족도가 떨어지고 오히려 식단에 강박이 생겼죠.
그래서 지금은 내 몸이 보내는 신호에 귀 기울일 때라고 판단하고, 최대한 키토식의 강점을 가져오는 일반식을 하고 있어요. 키토식을 하면서 알게 된 원래 제 식습관 문제에 주의하면서, 혈당을 올리지 않는 식사를 하려고 노력 중이에요.

효모 함박 스테이크

 30분　냉동 1달

제가 가장 좋아하는 키토 메뉴이자, 특별하게 몸을 챙기고 싶을 때 만드는 메뉴를 소개합니다. 키토식은 건강해지려고 하는
식단인 만큼 좋은 재료들로 만들어 먹는 것이 참 중요해요. 이 효모 함박스테이크는 건강한 재료의 총집합 같은 메뉴랍니다.
목초를 먹인 소고기를 사용하고, 키토식을 할 때 부족하기 쉬운 비타민B가 들어 있는 시크릿 효모 소스가
키토식에 안성맞춤이에요. 효모 소스는 꼭 치즈 소스 같아서 고기 패티와 조합이 잘 맞고,
순한 맛과 매운맛 두 가지로 만들 수 있으니 취향껏 선택하세요.
저는 보통 패티 2개에 샐러드를 곁들여 먹는데, 포만감이 끝내줍니다!

재료 [6~7개]

[패티]
다진 소고기 610g, 양파 1개
오일 4숟가락
헤비크림(유지방 함량 40%) 1숟가락
코코넛가루 1숟가락
마늘가루 1숟가락, 몽크푸르트 약간
소금 약간, 후추 약간

[효모 소스]
뉴트리셔널 이스트(영양 효모) 플레이크
파우더 8숟가락, 아몬드밀크 200ml
가염버터 1숟가락, 마늘가루 1숟가락
소금 약간

매운맛 버전: 매운 가루 1/2숟가락 추가
(치폴레가루, 훈제 파프리카가루
고운 고춧가루 중 하나)

패티

1. 예열한 팬에 오일(3숟가락)을 두르고, 잘게 썬 양파를 중불에서 볶다가 약불로 줄여 갈색이 나올 때까지 캐러멜라이징한 뒤 식힌다.

2. 다진 소고기에 ❶과 나머지 재료를 모두 넣고 골고루 섞는다.

    다진 돼지고기를 섞어도 좋아요. 좀 더 부드러운 식감을 원한다면 헤비크림을 1숟가락 더 넣고, 반죽이 뻑뻑하면 오일을 추가하세요. 소금, 후추, 몽크푸르트는 취향껏 넣되, 소스 간도 감안하세요.

3. 고기 반죽을 뭉쳤을 때 한 주먹에 가득 찰 정도로 동그랗게 굴린 후, 납작하게 눌러 패티를 만든다.

4. 예열한 팬에 오일(1숟가락)을 두르고 패티를 올려 중불에서 겉면이 노릇하도록 바싹 익힌 뒤, 뒤집어 반대 면도 노릇하게 익히면 완성!

    굽는 시간은 불세기에 따라 10~15분 정도 걸려요. 소고기 패티라면 10~12분, 돼지고기는 13~15분 정도 바싹 익혀야 해요.

TIP 유지방 함량으로 구분하는 생크림

영미권에서는 유지방 함량에 따라 생크림을 구분하여 사용합니다. 유지방 함량 30% 이상을 휘핑크림, 36% 이상을 헤비(휘핑)크림이라고 해요. 한국에서 시판 중인 생크림, 휘핑크림은 35~36% 정도인 것들이 대부분입니다.

효모 소스

★ **순한 맛 버전**: 냄비에 아몬드밀크를 붓고 나머지 재료를 모두 넣은 뒤, 약불에서 걸쭉해질 때까지 저으며 끓이면 완성!

뉴트리셔널 이스트는 브랜드마다 입자 크기가 달라요. 일반 파우더는 5~6숟가락, 플레이크 파우더는 7~8숟가락을 사용하세요. 제 입맛에는 플레이크 파우더가 더 고소해요.

★ **매운맛 버전**: 순한 맛으로 완성한 소스에 매운 가루를 넣고 약불에서 다 섞일 때까지 저으면 완성!

소스가 너무 굳어진다 싶으면 아몬드밀크를 조금 더 넣으세요.

KETO ★ POINT

- 가급적이면 목초 사료를 먹인 고기를 추천해요. 그리고 지방이 적은 부위보다 지방이 많은 부위를 먹어야 인슐린이 덜 분비되므로, 지방이 많은 부위를 선택하는 것이 좋아요.
- 키토식을 할 때 쉽게 부족해지는 영양소가 비타민B죠. 뉴트리셔널 이스트는 빵을 만들 때 사용하는 이스트와는 다른 영양 효모로, 다양한 비타민B군이 풍부하게 들어 있어요. 비건의 '파마산 치즈'로 불리며, 미국에서는 천연조미료로 많이 쓰여요. 저는 샐러드에 자주 뿌려 먹는답니다.
- 저는 밀가루 대신 코코넛가루를 넣었는데, 채 썰어 말린 코코넛가루가 아니라 고운 분말로 된 코코넛가루(플라워)를 써야 해요. 제 입맛에 아몬드가루는 식감이 무거운데, 코코넛플라워는 식감이 가벼워서 밀가루 대용으로 많이 사용해요.

미니 키쉬

 25분   냉장 3일

밀가루 대신 드라이 햄인 프로슈토, 살라미, 드라이 코파를 크러스트로 사용한 키토 키쉬를 소개합니다. 키쉬는 아침 대용으로 많이 먹는 프랑스 타르트인데, 타르트처럼 틀을 만들고 그 위에 채소와 달걀물을 부어 굽는 메뉴예요. 달걀 부분은 부드럽고, 라이 햄이나 소시지의 윗부분은 바삭하고 아래는 부드러워 다양한 식감을 즐길 수 있어요. 여러 개 만들어 놓고 몇 개씩 데워 먹으면 간편한 아침 키토 식단이 완성된답니다.

재료 [12개, 1인분 4개]

- 크림치즈 230g
- 달걀 4개(작은 것은 5~6개)
- 드라이 햄(프로슈토, 살라미 드라이 코파 추천)
- 몽크푸르트 약간
- 후춧가루 약간

내돈내산 추천제품
- 안티파스토(코스트코에서 살 수 있어요.)

RECIPE

1 실온에 둔 크림치즈와 달걀을 섞은 후, 몽크푸르트와 후춧가루를 넣는다.
   버섯, 피망, 베이컨, 시금치 등 원하는 재료를 넣으면 피망 키쉬, 베이컨 키쉬, 시금치 키쉬 등 다양하게 변주하여 만들 수 있어요.

2 드라이 햄 중 하나를 준비해 머핀 팬에 넣어 그릇처럼 만든다.
   드라이 햄 중 하나만 쓴다면 프로슈토를 추천해요. 얇아서 팬에 깔기도 편하고, 일단 고기가 맛있어요!

3 ❶의 달걀물을 ❷에 70%쯤 차도록 붓는다.

4 175℃로 예열한 오븐에 머핀 팬을 넣고 20분간 구우면 완성!

- **프로슈토**: 돼지 뒷다리살을 염지해 바람에 건조한 것. 얇게 썰어서 샐러드, 애피타이저, 샌드위치 등에 활용해요.
- **드라이 코파**: 돼지 목살을 염지해 만든 햄.
- **살라미**: 다진 돼지고기를 향신료와 소금에 섞어 양념한 후 건조한 소시지.

치즈랩 타코

 10분

밀가루나 옥수수 또띠아는 먹을 수 없고, 시판용 저탄수 또띠아나 치즈랩, 에그랩은 가격은 비싼데 양은 적어서 아쉬울 때 만들어 먹는 메뉴예요. 치즈랩 타코는 간단하게 만들 수 있지만, 냉장고에 있는 어떤 재료든 취향대로 넣어 맛있게 먹을 수 있는 효자 메뉴랍니다. 굽는 정도에 따라 부드럽게도, 바삭하게도 식감을 변주할 수 있어요. 저는 바삭바삭한 식감으로 노릇하게 구운 걸 좋아해요.

여러 치즈로 시도해봤는데, 세 가지 치즈가 섞인 슈레드 치즈로 만든 랩이 제일 맛있었답니다. 슈레드 치즈가 없다면 모차렐라 치즈도 괜찮아요. 저는 한 끼 식사로 3개 정도 먹으면 기분 좋게 배가 불러요.

KETO POINT
치즈랩 타코는 단백질과 지방을 많이 섭취할 수 있는 메뉴예요.
사이드로 토마토나 채소주스 또는 채소 스무디를 곁들이면 조화로운 키토 메뉴가 됩니다.

재료 (1개)

- 슈레드 치즈 한 줌
- 달걀 1개
- 살사 1숟가락
- 사워크림 1/2 숟가락
- 소금 약간
- 후추 약간

1. 팬을 중불로 예열한다.

2. 치즈를 조금 올렸을 때 살짝 녹을 정도가 되면 약불로 줄이고, 슈레드 치즈를 팬 위에 펼쳐 올린다. 이때 모양이 흐트러지더라도 구우면서 뒤집개로 동그랗게 모양을 잡아준다.

   슈레드 치즈는 숟가락보다는 손으로 집어서 팬에 올리는 게 제일 깔끔해요.

3. 3분 정도 구워서 아랫면이 연한 캐러멜색으로 반질반질하게 잘 구워지면 뒤집개로 뒤집는다.

   굽는 시간보다는 연한 카라멜색이 나는 게 중요해요. 잘못 뒤집으면 찢어지거나 접히므로, 뒤집개를 깊게 넣어 한 번에 뒤집으세요.

4. ❸의 치즈 위에 곧바로 달걀을 올리고 아랫면을 굽는 동안 함께 익도록 그대로 둔다. 불은 약불을 유지한다.

5. 달걀노른자가 반 정도 익으면 불을 끄고, 치즈랩을 접시로 옮겨 담는다. 사워크림, 살사, 소금, 후추를 올려 반으로 접으면 완성!

TIP 치즈랩 타코를 더 맛있게 먹는 법

- 저는 사워크라우트(양배추 절임)를 치즈랩 타코에 넣어 먹는 게 제일 맛있어요. 양배추가 소화도 도와주고 비타민C도 챙길 수 있어서 일석이조예요. 당근 라페(171쪽)도 궁합이 좋아요.
- 치즈랩 타코를 식힌 후 먹으면 더 바삭한 식감을 맛볼 수 있어요.
- 살사는 다른 소스에 비해 타코 느낌을 제대로 내주기 때문에 꼭 넣어야 해요. 살사가 없으면 다진 토마토, 다진 할라페뇨, 다진 양파를 각 1/3 숟가락씩 넣으세요.
- 아보카도를 추가하면 최강의 느끼한 맛을 즐길 수 있어요.

강황 수프

 TIME 20분

강황수프는 키토식 중에 먹을 수 있는, 염증을 잡아주는 훌륭한 메뉴예요. 저는 피곤하면 잇몸이 붓곤 하는데, 염증을 가라앉히는 데 도움이 되는 따뜻한 수프가 뭘까 고민한 끝에 탄생했답니다. 강황 수프를 먹으면 부었던 잇몸이 정상으로 돌아오고, 일주일 정도 꾸준히 먹으면 컨디션도 눈에 띄게 좋아져요. 남편 역시 피곤할 때 잇몸이 붓는데 그럴 때마다 이 강황 수프를 먹고 많이 호전되었어요. 시큼, 짭짤, 고소한 맛이라 호불호가 갈릴 수 있지만 우리 가족 모두 정기적으로 먹는 고마운 메뉴랍니다. 강황의 노란색은 카레보다 물드는 게 심하니 유리그릇이나 색이 있는 그릇을 사용하세요.

재료(3인분)

브로콜리·양파·셀러리·당근·버섯 각각 1줌 반~2줌, 강황가루 1숟가락, 후추 0.5숟가락, 소금 약간, 애플사이다비니거 10숟가락 MCT오일 2숟가락, 물(재료가 잠길 만큼)

RECIPE

1. 채소를 먹기 좋은 크기로 썰어 냄비에 넣고, MCT오일을 넣는다.
   집에 있는 어떤 채소든 사용 가능해요. 취향에 따라서 양을 조절하세요.

2. 채소가 살짝 익을 정도로만 중불에서 볶고, 한입 크기로 썬 버섯을 마지막에 넣는다.
   볶는 과정은 생략하고 바로 물을 넣고 끓여도 돼요.

3. 재료가 잠길 만큼 낙낙하게 물을 붓고 중불에서 끓여 재료를 푹 익힌다. 불을 끄지 않은 상태에서 강황, 후추, 애플사이다비니거를 넣고 소금으로 간을 맞춘다.
   저는 시큼한 걸 좋아해서 애플사이다비니거를 10숟가락으로 넣었지만, 각자 기호에 따라 5~10숟가락으로 조절하세요. 후추는 강황의 흡수를 높여주기 때문에 꼭 넣어야 해요. 크리미한 식감을 원한다면 목초버터를, 매콤한 맛을 원한다면 마늘가루나 고춧가루를 취향껏 뿌려도 좋아요.

KETO POINT

- MCT오일과 버터가 들어가 좋은 지방을 섭취할 수 있으며, 애플사이다비니거 덕분에 소화도 잘된답니다.
- 좀 더 몸이 안 좋을 때는 물 대신 소뼈를 곤 육수를 사용해 수프를 만들어요.

매운 새우 스킬렛 & 배추전

TIME 10분

좋은 고기, 달걀과 신선한 채소 위주로 키토식을 하다 보면 '이렇게 매 끼니에 신경 써야 하나?' 싶어 현타가 오면서 맵고 자극적인 요리가 먹고 싶을 때가 있죠. 그럴 때 고춧가루보다 화끈하게 매운맛을 낼 수 있는 카옌가루(카옌페퍼)를 활용해보세요. 카옌가루를 넣어 입안을 얼얼하게 할 만큼 매운맛의 왕새우를 살짝 달달하고 아삭한 배추전에 싸서 먹으면, 매운맛을 중화해줘서 좋아요. 저는 손바닥 크기만 한 스킬렛(주물팬)을 요리에 사용했는데, 열을 오래 품을 수 있는 스킬렛은 달군 이후에는 불 조절 없이 약불 상태만으로 요리할 수 있어서 편리해요. 2~3년에 한 번씩 코팅팬 버리지 말고, 계속 쓸 수 있는 스킬렛으로 제로웨이스트도 실천해보세요.

재료 (1인분)

[**매운 새우 스킬렛**] 왕새우 7~8마리, 가염버터 1숟가락, 마늘가루 1/2숟가락(다진 마늘도 가능) 치폴레가루, 훈제 파프리카가루, 카옌가루, 몽크푸르트 약간, 후춧가루 약간

[**배추전**] 배춧잎 3~4장, 달걀 1개, 소금 약간, 오일 약간

매운 새우 스킬렛

1 스킬렛을 중강불에서 예열한 뒤, 약불로 줄여 가염버터를 녹인다.
일반 팬이라면 예열한 후 약불에서 버터를 녹이세요.

2 ❶에 마늘가루를 넣고 살살 섞는다.

3 실온에서 해동한 냉동 새우를 ❷에 넣고 약불에서 7~8분간 익힌다.
일반 팬이라면 중불에서 구우세요. 새우가 빨개지면 다 익은 거고, 앞뒤로 10분 미만으로 구워도 다 익어요.

4 훈제 파프리카가루, 치폴레가루, 카옌가루를 새우를 덮을 만큼 차례차례 얇게 뿌린다.
맵찔이라면 제일 매운 카옌가루를 마지막에 조금만 넣어요. 이 세 가지 가루를 다 뿌렸을 때 제일 맛있지만, 하나만 넣는다면 카옌가루를 추천해요. 고운 고춧가루를 넣어도 괜찮은데, 대신 한국적인 맛이 확 나요.

5 젓가락으로 뒤집으면서 중불에 가까운 약불에서 가루가 잘 배어들 정도로만 살짝 굽는다.

6 몽크푸르트를 취향껏 뿌린 뒤 약불에서 후춧가루를 넣고 간을 맞추면 완성!
무염버터라면 소금을 추가하세요.

배추전

1 달걀에 소금과 오일을 3~4방울 정도 넣고 섞는다.
달걀이 훨씬 부드러워져요.

2 배추의 단단한 부분을 손으로 눌러 부러뜨리고, 그 위에 달걀물을 붓는다.
알배추나 배추 속에 있는 연한 부분으로 만드세요.

3 예열한 팬에 오일을 두르고 중불에서 앞뒤로 노릇노릇하게 부치면 완성!

에그 바이트

 30분　냉장 3일

살짝 달달하고 부드러워서 누구나 편하게 먹을 수 있는 에그 바이트는 제가 사는 미국에서는 스타벅스, 코스트코, 마트 등에서 흔히 볼 수 있는 메뉴예요. 저는 스타벅스에서 빵 대신 에그 바이트를 주로 사먹는데, 시판 에그 바이트에는 밀가루가 소량이라도 들어가기에 집에서 클린 키토 버전으로 만들어봤어요.

단백질이 필요할 때 며칠간 먹을 만큼 만들어 냉장보관했다가, 전자레인지나 팬에 데워 먹으면 간편한 식사 또는 간식이 된답니다. 물론 만들어서 바로 먹는 게 가장 맛있는 건 두말하면 잔소리죠!

재료 (3인분)

- 순두부 1팩(300g)
- 달걀 큰 것 4개(작은 것 5~6개)
- 마스카포네 치즈 2숟가락
- 코코넛가루 2숟가락
- 몽크푸르트 2숟가락
- 소금 약간
- 후추 약간
- 슈레드 치즈 한 줌

RECIPE

1. 큼직한 볼에 슈레드 치즈를 뺀 모든 재료를 넣고 핸드믹서나 블렌더로 섞는다.

   여기에 달걀만 넣으면 흔한 달걀빵이 돼요. 단백질이 많으면서 부드러운 순두부를 넣었는데, 순두부를 넣었다고 말하기 전까지는 아무도 몰라요.

2. 슈레드 치즈를 ❶의 반죽에 넣고 섞는다.

   버섯, 베이컨, 피망 등을 넣어 먹고 싶다면 잘게 썰어 반죽에 넣어도 좋아요.

3. 오븐용으로 나온 컵케이크용 종이컵에 70% 정도 차도록 ❷의 반죽을 붓는다.

   컵케이크용 종이컵이 없다면 컵케이크 팬에 오일을 바르고 사용해도 괜찮아요. 저는 파티를 한 뒤 남은 것을 사용했는데, 이렇게 구웠더니 손님에게 접대용으로 내놓기에 좋았어요.

4. 175℃로 예열한 오븐에 ❸을 올린 트레이를 넣고 25분간 구우면 완성!

KETO POINT

당을 제한하는 키토식에서는 설탕 대신 알룰로스, 스테비아, 에리스리톨, 몽크푸르트 등 다양한 대체 감미료를 사용하죠. 저는 제 입맛에는 가장 설탕 같아 음식에 넣었을 때 부딪히지 않아서 몽크푸르트를 주로 사용해요. 몽크푸르트는 에리스리톨과 나한과 추출물을 섞은 거랍니다.

연어 파테  20분   냉장 5일

'파테'는 프랑스 전통 요리로, 페이스트리 반죽으로 만든 파이 크러스트에 고기, 생선, 채소 등을 갈아 만든 소를 채워 오븐에 구운 것을 말해요. 연어 파테는 빵, 샐러드, 크래커 등, 어디든 올려 먹을 수 있는 토핑 같은 파테예요. 한꺼번에 만들어 놓고 냉장보관해서 먹으면 편리해요.

연어는 오메가3가 많아 키토식을 할 때 아주 좋은 재료지만, 매번 요리해서 먹으려면 귀찮아서 잘 안 먹게 되죠. 그런데 이렇게 연어 파테를 만들어 놓으면 더 많이, 자주 먹을 수 있어요. 냉장보관이 가능해서 바로 다 먹지 않아도 며칠간 맛있게 먹을 수 있답니다.

재료 [3인분]

생연어 280g
훈제연어 280g

[양념]
레몬즙 2숟가락
마요네즈 1숟가락
머스터드 1숟가락
사워크림 1숟가락
가염버터 1숟가락
몽크푸르트 1숟가락
오일 1숟가락
소금 약간
후추 약간
대파 한 줌

RECIPE

1 생연어는 팬에 오일을 살짝 두른 뒤 중강불에서 6분 정도 구운 후, 중불에서 6~8분간 앞뒤로 노릇하게 굽고, 훈제 연어는 잘게 썰어둔다.

연어는 속살이 불투명한 색이 될 때까지 구워주세요. 생연어와 훈제연어를 섞으면 맛과 식감이 풍부해지지만, 연어캔만으로도 만들 수 있어요. 오일에 담긴 연어캔이라면 버터 대신 기름을 쓰고, 물에 담긴 연어캔이라면 물은 모두 버리고 버터를 넣으세요.

2 구운 연어와 잘게 썬 훈제 연어를 볼에 담고 섞는다.

섞기 전에 구운 연어의 가시를 확인하고 있으면 빼주세요.

3 ❷에 양념 재료를 모두 넣고 골고루 섞으면 완성!

소금, 후추, 몽크푸르트, 대파는 취향에 따라 가감해도 돼요.

애사비 크림소스 닭다리구이

 25분

닭다리를 삶아서 속은 부드러운데 MCT오일과 버터에 튀기듯 구워서 겉은 바삭한, '속부겉바' 닭다리구이!
닭의 기름과 어우러진 크림소스가 시큼한 애플사이다비니거와 만나 시큼하고 크리미한 맛을 내는 재미있는 메뉴랍니다.
키토식을 지속하려면 질리지 않게 다양한 메뉴를 재미나게 먹어야 한다고 생각해요.
피클이나 사워크라우트(양배추 절임)와 함께 먹으면 좋아요.

재료 (1인분)

- 닭다리 4개(약 700g)
- MCT오일 2숟가락
- 가염버터 1숟가락
- 소금 약간
- 후추 약간
- 애플사이다비니거 4~5숟가락
- 코코넛밀크 4~5숟가락
- 헤비크림 4~5숟가락
- 몽크푸르트(생략 가능)
- 파슬리가루 약간(생략 가능)

RECIPE

1. 깨끗이 씻어서 칼집을 낸 닭다리를 60~70% 정도 익을 때까지 강불에서 삶는다.

2. 중불로 예열한 팬에 가염버터와 MCT오일을 넣고 잘 섞이도록 약불에서 살짝 끓인다.

   버터가 잘 타니 예열 후 바로 약불로 조절하세요.

3. 삶은 닭다리를 ❷에 넣고, 중불에서 튀기듯 10~12분간 노릇노릇 굽는다.

4. 소금과 후추로 간을 한 뒤 코코넛밀크, 헤비크림, 애플사이다비니거를 넣는다.

   코코넛밀크와 헤비크림은 취향에 따라 더 넣어도 되고, 애사비는 맛을 보며 입맛에 맞게 조절하세요. 헤비크림이 아닌 일반 휘핑크림이라면 2숟가락 정도 양을 늘리고, 그러면 수분이 많아지니 졸이는 시간도 늘리세요.

5. 팬을 기울여, 모든 재료를 섞은 진한 크림소스를 숟가락으로 떠서 닭다리 위에 뿌리며 약불에서 5~7분간 졸이면 완성!

   취향에 따라 몽크푸르트를 살짝 뿌려도 돼요. 파슬리, 바질, 고수 등을 곁들이면 향과 맛이 더 풍부해진답니다.

KETO POINT

MCT오일, 버터, 코코넛밀크, 헤비크림으로 소스를 만들어 좋은 지방 섭취가 가능한 훌륭한 키토 메뉴예요.

레시피별 찾아보기

한식(밥)

고추참치 덮밥 042
곤약 콜리밥 148
구운 어묵볼 044
김치 무침 161
다이어트 피클 164
돼지국밥 018
매운 달걀볶이 070
대파 만두 038
돼지고기 콜리 짜글이 150
만화고기 떡갈비 026
매콤 편육 018
무버섯 카레밥 152
무장아찌 052
묵은지 등뼈찜 074
배추전 204
양배추 갈비만두 072
왕갈비 치킨 024
육전 160
장조림 050
장조림 버터 비빔밥 053
전복 내장볶음밥 158
전복찜 154
쪽파 우삼겹 육전 046
치밥 024
치즈 당근 우삼겹말이 170

중식

간장 양념 오겹살조림
(훙샤오로우) 120
곤드레 나물 구육(커우러우) 124
꿔바로우 118
다진 돼지고기 달걀찜
(로우삥쩡딴) 142
대만식 굴전 (으아젠) 128
매콤 사천식 생선찜(카오위) 126
바삭 통삼겹 바비큐
(췌이피샤오로우) 122
부추달걀 대형 만두
(지우차이허즈) 138
상하이 탕수갈비 116
중국식 호떡(샤오빙) 134

김밥

게맛살 김밥 068
단호박 김밥 064
달걀지단 김밥 066
닭고야 김밥 058
묵은지참치 김밥 060
양배추베이컨 김밥 062
오이참치 김밥 057

양식 / 세계식

강황 수프 202
당근 라페 171
라구 소스 162
라구 치즈 그라탱 163
로제 소스 163
매운 새우 스킬렛 204
미니 키쉬 199
바질 돼지고기 볶음
(팟 끄라파오 무쌉) 180
스크램블드에그 53
싱가포르 스타일 피시 수프 182
애사비 크림소스 닭다리구이 210
연어 파테 208
전복 버터구이(with 통마늘) 156
치즈 그라탱
(with 브로콜리&콜리플라워) 192
치즈랩 타코 200
치킨 티카마살라 184
코코넛 돼지 스튜 178
코코넛 치킨 수프 176
투움바 로스트 치킨 036
투움바 소스 036
효모 함박 스테이크 196

면

들기름 골뱅이 파스타 032
미소 라멘 030
바질 토마토 짬뽕 022
비빔냉면 160
새우 팟타이 040
얼큰 누들 수프 190
천사채 다이어트 라면 147
천사채 당면화 033
콩 없는 타히니 콩국수 177

베이킹

곤약 빵 130
도넛 132
딸기 트라이플 098
땅콩버터 초콜릿칩 컵케이크 168
르뱅쿠키 020
마시멜로 108
말차 롤케이크 095
바나나 브라우니 034
새우 팟타이 040 ~~
스모어 110
시나몬 프로틴 도넛 093
식빵 071
아이스박스 케이크 078
앙버터 다쿠아즈 088
애플 브리 샌드위치 166
에그 바이트 206
오트밀 견과 빵(분더브로트) 186
챠플 167
초콜릿 컵케이크 103
캐러멜 가나슈 타르트 084
커스터드푸딩 104
컵카스텔라 076
코코넛 레몬바 112
크래커 111
크러스트 113
크렘 브륄레 107
크리스마스트리 컵케이크 103
핼러윈 마녀 손가락 쿠키 140
홍콩식 에그와플(까이딴자이) 137

홈카페

과일향 젤리 101
레몬 곤약젤리 101
말차 크림 095
슈크림 라떼 090
옛날 팥빙수(with 코코넛 밀크) 028
챠플 167
캐러멜시럽 106
커스터드 크림 091
터키 아이스크림 143
팥앙금(무설탕) 029
휘핑크림 099

한식 소스 / 양념

간장 양념장 155
고추기름 043
단촛물 165
맛간장(최언니) 049
비빔냉면 양념장 161
양념액젓 048
저염 맛간장(온앤오프) 155
초간장 047

스프레드 / 디핑소스 / 드레싱

마늘 프레이크
무타벨 188
타히니 소스 177
토마토 마리네이드 172

[일러두기]

이 책은 개인의 경험과 레시피를 엮은 책으로, 키토제닉 식단 적용 시 개인의 특성에 따라 다양한 반응이 나타날 수 있습니다. 질병이 있는 경우 의사와 상담 후 신중하게 시작하기 바랍니다.

오늘의 키토 집밥

초판 1쇄 발행 2023년 6월 15일

지은이	키토제닉 다이어트 카페
펴낸이	최선애
펴낸곳	북테이블
출판등록	제2020-000120호
주소	03939 서울시 마포구 월드컵북로27길 62
전화	02.303.3690
팩스	0504.343.8650
이메일	book_table@naver.com
홈페이지	www.booktable.co.kr

교정교열	김혜영
디자인	디박스
인쇄대행	공간코퍼레이션

값 22,000원 ISBN 979-11-975196-8-0 13590

- 이 책은 저작권법에 따라 보호받는 저작물이므로 무단 전재와 무단 복제를 금지하며, 이 책의 내용의 전부 또는 일부를 이용하려면 반드시 저작권자와 북테이블의 서면 동의를 받아야 합니다.
- 인쇄, 제작 및 유통 상의 파본 도서는 구입처에서 교환해 드립니다.
- 북테이블은 당신의 소중한 지식과 경험 그리고 참신한 아이디어를 기다립니다. 책 출간을 원하시거나 제안 아이디어가 있으시면 book_table@naver.com으로 간단한 개요와 연락처 등을 보내주세요.